光文社知恵の森文庫

立川談四楼

声に出して笑える日本語

光文社

前口上

落語家を長くやっておりますと、当然のことながら日本語を多角的に眺めるようになります。

古い日本語（落語などこれに入ります）、日常の日本語（普段の挨拶から祝辞、お悔みの言葉も含みます）、新しい日本語（女子高校生など造語の名人です）、それに和製英語など、我々を取りまく日本語は実に多彩です。同じ日本語でありながら、職業や世代、あるいは環境によってこうも変わるものなのかと驚くばかりです。

時に傾聴に価する話もありますが、私は相手が日本語を喋る場合、内容にあまり興味を持ちません。口調や言い回しに注目するのです。声、抑揚、語彙、癖、語尾等が気になってならないのです。で、いかにしてこの人は作られたのかと、そのバックボーンが知りたくなるのです。

政治家だけでなく、誰もが言い間違いをします。例えば漢字を間違って覚え、それを長く使い、あるとき間違いに気づいたのですが、体に馴染んでしまって修正できずに苦しむ……。私はそういう人が好きです。いいんですそれで、誰もが間違うのですから。

プロ中のプロでもやらかします。アナウンサーなどはその最たるものですが、やっぱりやるんです。ニュースの最中に大きなニュースが飛び込んでくる、この一瞬が魔の時なのです。普段は映りませんが、アナの横にはディレクターがいて、急遽原稿が差し出されます。「もう一度読んでください」などと声が聞こえることもあり、アクシデントはそんな二人のやりとりの中で起こりました。

アナの右手辺りにカフと呼ばれるスイッチがあります。音声のオンとオフを切り換えるものです。アナ氏、オフにしたつもりがオンにし、言ったもんです。「一度言や分かるよ、何回言ったら気がすむんだ」と。つまりディレクターを怒鳴ったのですね。しかも余計なひと言を付け加えたのです、「バカ」と。で、おもむろにカフをオンにして(実はオフ)喋り始めたのですが、視聴者からすればアナ氏の口パクが見えるのみだったのです。

気づかなきゃよかったんですが、当然気づきますよね。アナ氏真っ赤になりましてね、あとのニュースはもうボロボロ、お気の毒、かつ大変面白い見ものでした。これだからナマ放送のニュースウォッチはやめられないのです。

オチを先に言ってしまい、高座で立往生する落語家もいます。私は「戸を開けて」と言うべきところを「ドアを開けて」とやり、全身から冷や汗が噴き出たことがあります。江戸時代にドアはまずいんです。

プロも市井の人々もみんな間違います。本書は日本語にまつわるそんな失敗談のオンパレードです。ネタは楽屋、テレビ、居酒屋などで拾いました。皆さん本当によくやってくれます。さあ早くページをめくってください。そこに必ずやあなた自身がいるはずですから。

声に出して笑える日本語　目次

ズンドコ

テレビに悲惨な事故現場が映っている。大惨事と言っていい規模の事故である。上空にはヘリが飛び、消防、警察、自衛隊までが出動し、そこへマスコミが大挙して押しかけるから現場は大混乱――とそこでビデオが終了し、スタジオではその後の経過が何人かのリポーターやアナウンサーによって報告される。

長いコーナーであったがひとまず終了し、次のコーナーへ移るべく、女性キャスターがまとめのコメントをする。で、このコメントにのけぞったのである。女優から転身したその人は、こう言ったのだ。

「御遺族は今、悲しみのズ、ン、ド、コに沈んでいます。謹んで御冥福をお祈りいたします」

我と我が耳を疑いましたですな、あの時は。聞き違いかと思い、あわてて友人に電話をかけ、彼もまた私に電話をかけるところだったと言い、それで言ったと確信を持つに至ったのだが、いや驚きました。どん底とズンドコではえらい違いですからな。その番組では、更にもう一度仰天した。やはり目を覆うような惨事を伝え、コマーシャルに入った。そのコマーシャルに私は人生の無常を感じたのだ。アニメが映り、そこへ三木のり平のセリフがかぶさる。

「おかずは桃屋のハナラッキョ」

何という落差であろうか。惨事に巻き込まれた人がいて、私は安全圏でその模様を見ている。そこへ「ハナラッキョ」なのだ。これだ、こういうことがあるのでテレビから目が離せないのだ。

明方の五時と覚しき頃、日本テレビを見ていて、幻《まぼろし》を視《み》、幻を聴いているのではないかと、私自身を疑ったことがある。まだ各局とも早朝の時間帯に力を入れてない時期で、その男性アナは短いニュースを読んだのだが、これが何を言ってるのかさっぱりわからないのである。日本語のようであるのに、まるで意味がつかめない。「ムニャムニャは、フニャフニャです……」これは不安である。おまけに私は酒を飲んでいた。そのせいかとも思い、起きて友人の誰彼に電話をかけた。「寝てたよ」「見るわけがない」「ヒマだなおまえも」という答え。

またたくうちに三年の月日が流れ、意外や真相はフジテレビ関係者によってもたらされた。

「いいものを見ましたね」彼はまずそう言い、いっ時は業界の評判だったと付け加えた。今どき豪傑だということになったらしいのだ。「クラス会かなんかで朝まで飲み続け、そのままニュースを読んだんです」「じゃあ、あの」「そう、へベレケだったのです」

その人こそ誰あろう、日テレの元看板アナ、船越雅史《まさし》アナだったのであります。あのシドニー五輪のサッカー中継で、ゴールゴールと息もつかせず、三十六回言ったというあの名物アナだったのです。以来私は船越アナの大贔屓《だいひいき》、なかでも彼のボクシング中継、あるいはカーレースの実況は大変優れたものでありました。

海のモズク

「海のモズクと消えました」

タクシーのラジオが確かにそう言った。

「運転手さん、それどこの局？　誰？　アナウンサー？　それともタレント？」

矢継早に質問したのが悪かったか、運転手はあわててチューナーをいじってしまい、どこの局の誰がそう言ったかわからなくなってしまったが、今、確かにどこかの誰かが「海のモズク」と言ったのだ。いや、「海のモズク」であれば間違いではない。むしろそれは正しい。「海のモズクと消えた」と言ったから私の耳が反応したのだ。

この話を友人五人にしたところ、三人が「えっ、モズクは間違いなの？　私《オレ》はずうっとそう思ってた」と答えた。実に五打数三安打の六割が、モズクなのだ。これは一体どういうことだろう。私の友人の知的レベルが低いということなのか。すると必然的に私も低いということになり、ええい、告白しよう。実は私も高校二年まで「海のモズクと消えた」でいいと思っていたのだ。トホホ。

タレントの中山秀征《ひでクン》は私と同じ群馬の出身で、もうそれだけで肩入れしてテレビを見るのだが、日テレの『DAISUKI!』という番組で、共演の松本明子と飯島直子を従え、深川の富岡八幡宮へ出かけた。この境内には歴代横綱の碑があり、それを見ようという趣向。突然秀クンが言った。「ねえ、せっかく来たンだからさ、みんなでキョウヨウしようよ」

松本、飯島の両嬢はもちろん、テレビの前の私もキョトン。「ははァ、さては勉強しようの意で教養を動詞化したな」と思ったらさにあらず、三人の脇の石に「供養《くよう》塔《とう》」と彫ってあった。

映画関係者から聞いた話。

某お嬢様女優は「曲者《くせもの》」を「マガリモノ」と読んだという。「マガリモノじゃ、ものども出あえ出あえ」と。もちろんリハーサルの段階でだが、その人曰く「いや映画《ほんぺん》を見るたんびに思い出しちゃってさぁ、おかしくておかしくて」そうでしょう、そうでしょうとも。

新聞の一面に「米朝」という大きな活字が躍るとドキッとする。上方《かみがた》の人間国宝桂米朝《かつらべいちょう》師の身に何かあったのではないかと飛び上がるのだ。当然そんなことはなくて、米朝のあとに会談などと続き、アメリカと北朝鮮のことだと知るのだが、私は懲りることなく毎回驚くのだ。

思えば私はヤな子供だった。パチンコ屋のパの字のネオンが壊れ、夜になるとそれを指差し、連呼するのを喜びとする子供だったのだ——。

ハングル精神

アナウンサーは喋《しゃべ》りのプロだが、テレビのスポーツ中継にはプロでない人もよく出る。解説者という人たちである。大概はそのスポーツのOBが多く、まあ専門家ということで呼ばれるのだろうが、いや彼らが実に楽しませてくれるのだ。たとえばプロ野球。

王監督の現役時代、ハンク・アーロンを抜く756号という記録を作った時の解説者がスゴかった。「これは立派なカネジトウです、大変なカネジトウです、世界一のカネジトウです」と、カネジトウの三連発であったのだ。中継を何人かで見ていて、何のことかわからず一同呆気《あっけ》にとられたが、一人が「キンジトウのことじゃねえか」と言い出し、そう言われて初めて「金字塔」という漢字が浮かんだのだった。

バントを「バンド」と言う人がいる。空振りは「カナブリ」で、主審は「アンパンヤ」である。アンパン屋？　ならツブシ餡《あん》を二つ、と言いたくなるではないか。

好きだったのは青田昇さん。巨人のピッチャーの出来がよく、青田さんは褒めちぎった。ボールに伸びがあり、しかもコーナーに決まっているので、まず打たれっこないと言い切った……その時ホームランを打たれたのである。アナウンサーも困った。しようがないから水を向けた。「ホームランを打たれてしまいましたね」と。すると青田さんの反応が早かった。間髪《かんはつ》を容《い》れず「詰まってました」ときたもんだ。強情さに私はバカウケであったが、全国のアンチ巨人は「詰まっててもホームランだ」と突っ込んだことでしょうな。


角界では初代若乃花こと花田勝治さんが楽しませてくれた。二子山親方であった頃、場所前にアナウンサーがインタビューに出かけた。場所の展望等の話があり、アナウンサーがふと土俵に目をやり、訊《たず》ねた。「親方、土俵とは一体何でしょう」

「土俵とは……」親方はそこで間を置き、続けた。

「……新鮮なものだ」

神聖と言おうとして新鮮という発音になってしまったのだなと私は理解した。アナも同様で、「そうですか、神聖なものですか」とフォローしたのだが、親方は「そう、新鮮だ。うん、新鮮なものだ」と三回繰り返し、とうとう「土俵は新鮮なもの」になってしまったのである。

話はそれで終わらなかった。そのころ増えつつあった外国人力士に話が及び、ハワイ、トンガ、韓国と進んだ。で初代若乃花は韓国人力士について言ったのである。

「彼らにはハ、ン、グ、ル精神がある」

これはよかった。傑作である。ハングリーと言いたかったにしてもいい出来である。以来気に入って方々で使っているがいつも大ウケ、ついには先だってのサッカーW杯でも使った。

「韓国のベスト4は立派なもの。ブラジルにハングリー精神があり、韓国にはハングル精神があった」と。

ガイコン者

この漢字はこう読むと思い込み、失敗することは多い。ましてや落語家、方々で喋るから恥の上塗りとなる。

入門早々、まだ私が付き人であった頃、談志が「頭角」と書いたメモを渡し、どう読むかと訊《き》いてきた。私は何か試されてるのかと思い、オドオドと答えた。「と、とうかくだと思いますが」途端に談志が頭を抱え込んだ。「やっぱりそうか、しまったァ。オレはてっきりズカクだと思い、またオレのこったから方々で喋りまくっちまった、ウーム……」

怖ろしいばかりの人だったが、その日を境に「ああ、この人も人間なんだな」と思い、身近に感じましたですね、おこがましくも。

前座時代、我らは前座会を組織した。着物のたたみ方を学んだり太鼓のケイコをしたり、たまには一堂に会して一杯やろうという親睦会であったが、あるとき盛り上がり、あまりにも前座に対する扱いが非道《ひど》いので、理事会に陳情しようということになった。この時、まあまあと楽ちゃんこと三遊亭楽太郎《さんゆうていらくたろう》が抑えたのである。楽ちゃんは青山学院《あおがく》大学の落語研究会《オチケン》出身、皆も一目置いていた。しかし楽ちゃんは言ったのである。「みんな、それは時期ナオハヤだよ」と。

楽ちゃんは一気に株を下げたが、言わんとする意味は「尚早《しょうそう》」より明確に伝わったのが不思議であった。

順風満帆はジュンプウマンパンであると今でこそ当たり前になっているが、以前はジュンプウマンポとかなりの人が言った。私もその一人で、アナウンサーを相手に「マンポである」と譲らなかった。「赤面《せきめん》の顔を赤くし、汗顔《かんがん》の至りで汗ばむ」とは正にこのこと、相手が悪かった。何しろ敵はアナウンサーなのだから。辞書を引き、「マンパン。マンポと誤って読む人多し」に出食わした時のあの恥ずかしさといったら、あなた……。

落語家野球が盛んだったことがある。私は「志《し》ん駒《こま》ヨイショーズ」というチームに所属していたが、ある日の移動の電車内のこと、志《し》ん太《た》（現古今亭志《ここんていし》ん橋《きょう》師）さんが大声でプロ野球を話題にした。「阪神のカワフジってのは、ありゃいいね」と。志ん太さんの師匠であり、ヨイショーズオーナーの古今亭志《し》ん朝《ちょう》師が苦り切って言った。「カワトウだろ。どうしておまえは活字で覚えようとするの。中継を聴きなさいよ。音で覚えりゃ間違いようがないんだから。だいたいお前は落語も……」いや藪《やぶ》ヘビ、小言が芸にまで及んでしまった。

ナインが勝利に酔い、スナックで飲んでいた。両手に花、この日の殊勲者林家種《はやしやたね》平《へい》がモテている。で種平が有頂天のまま女の子に言ったのだ、「ダメだよオレに惚れても、オレはガイコンシャだから」と。ナインが「それ既婚《きこん》者の間違いだろ」といっせいに突っ込んだのは言うまでもないが、「キコン？　うん、そうとも言う」と種平、強情であった。

ひまつぶし

「世の中で澄むと濁《にご》るは大違い　ハケに毛が有りハゲに毛が無し」

昔の人は上手《うま》いことを言ったものであるが、こういうことはいくらでもある。世にゴロゴロしている。いや、人の営みが続く以上、無限にあると言えよう。

先に紹介した「悲しみのズンドコ」や「海のモズクと消えた」等もそうであり、それは日々生産されているのだ。

東京キー局の某女子アナが、関東近県への一泊旅行を何パターンか紹介した。さてエンディング、彼女がこう締めくくり、騒ぎに火がついた。

「週末はカップルで御夫婦で、ぜひ一発旅行をお楽しみ下さい」

彼女の不幸は生放送であることと、この時点で番組が終わってしまったことである。録画や番組の途中であれば訂正し、言い直すことも可能であるが、しかししかし番組は言いっ放しで終わってしまい、視聴者の耳には「一発旅行」という、実は本来の目的であるひと言が鮮やかに残ったのだ。番組終了後、彼女が頭を掻《か》きむしったことは想像に難くなく、私としても同情は禁じ得ないが、それにしても思い切ったことを言ったものだ。ありがとう、素晴らしいネタを。

タレントの松居直美嬢は着物姿の相手に向かい、「すてきなチリメンジャコですね」と言ったそうだ。勇気があるなァ。

「テレビやラジオはいいよなァ（いいよねェ）、一瞬のうちに消えるから。そこへいくと活字はあとに残るから恐い」

そう言うのは編集に携《たずさ》わる諸氏諸嬢である。

某氏の間違いは大したことではなかった。たかだか「ヒマラヤ」を「ヒラヤマ」と誤植しただけである。しかしそれを読んだ中学生の息子のひと言はこたえた。「ヒラヤマか。低い山じゃん」最高海抜を誇るヒマラヤを息子は平山という漢字に置き換えたのだ、誰もがそうするように。このお父さん、相当へコんだらしい。

「ヒラヤマは平らな山だもんな。平らな山は山じゃないよ」

その人は私にそう訴えた。

某嬢の場合もやはり一字違いであった。雑誌づくりに青春を費してきた彼女の十八《おは》番《こ》のグルメ物の依頼、当然二つ返事で引き受けた。名古屋を取材せよとの命が下り、彼女は嬉々としてこれをこなした。記事と写真が上がり、上出来の写真にキャプションを付けた。

チェックの段階で「名古屋名物櫃まぶし」が目に止まった。「櫃まぶし」だと読みにくいのでルビが必要になる。キャプションの活字は本文より小さい。そこで「櫃」を平仮名に直した。当然「ひつまぶし」となるはずだった。しかしキャプションは「名古屋名物ひまつぶし」となった。これに長く気づかず、印刷直前に発覚、危うく難を逃れたわけだが、私は彼女の安堵《あんど》の表情ではなく、泣き顔が見たかった。残念。

おサツを申し上げます

「どうしてあんなことに……」と、目の前の編集者がうなだれている。あ、やったな、誤植だな、と私は途端に嬉しくなり、この高学歴かつ優秀、つまり高給取りの編集者に、同情するふりをして、話を聞き出す。

「大道芸と言いますか、近頃ちょっとしたブームなんですが『南京《なんきん》玉スダレ』ってありますね」

「あるある。あさて、あさて、さては南京玉スダレ……」

「それそれ、それでやってしまったンです」

「ま、まさか……」

私はこの時点で何の誤植か気づいたのですが、こういうことは当人の口から言わせないと面白味に欠ける。

「ま、まさか……」

「そうなんです。南京の京の誤植なんです。北京《ペキン》の京、南京の京なんですから間違いようがないのに、なぜか京が金になってしまったんです。言い訳を一つさせて下さい。その本は大道芸の本でも何でもないんです。ちょっと堅い本でして著者が脇道にそれて、たった一回南京玉スダレに触れただけなんです。大道芸の本であれば南京玉スダレはポピュラーですから、字面《じづら》は写真のように何回も目に焼き付けられ、一文字変わっただけですぐチェックできるんですが、私に編集者がもう一人、更に校正の専門家の計三人がチェックしたのに、見落としてしまったんです。『南金玉スダレ』って、学術書のそこだけが下ネタになってしまったんです。スダレ状の金玉って一体どういうものなのでしょうか」

どういうものって訊かれてもねえ。

メロンのように大きいので、そを「メロン乳《にゅう》」と言うんだそうな。巨乳タレント小池栄子の話である。プロ野球の始球式を念頭に彼女がユニホーム姿になった。ヘソ出し、短パンのユニフォーム姿である。「ユニフォームより水着の方が楽だ」がその記者会見時の彼女の感想だが、スポーツ紙の見出しは大きなゴシック体で「一球

『乳』魂」であった。そう、スポーツ紙はしばしばダジャレを使った「誤植」をあえてするのです。

あまり縁はないが、政府刊行物というのがある。「〜白書」などというものがそれですね。そういったものは大蔵省印刷局（現国立印刷局）というところが印刷するというのだが、その中に誤植があったという話です。

本文にはなかったらしい。まえがきにもなかったのだが、あとがきにあったのですね。それも最後の最後に。「——お札を申し上げます」となっていたのだ。版元が大蔵省（現財務省）だけに妙におかしい。造幣局だったらもっとウケるのだが……。

このように、お上、政府も間違うのです。皆さん安心して誤植に励みましょう。

先立つ不幸

「ケンケンガクガク」と言う人と「カンカンゴウゴウ」と言う人では同じ間違いでもどちらが多いだろう。思わず発音し、あれ、おかしいぞと思い、ケンケンゴウゴウ、あるいはカンカンガクガクと言い直し、しかし当人はなぜか不安に駆られ、またケンケンガクガク、カンカンゴウゴウと間違った世界に舞い戻ってしまうのだ、私のように。

いま辞書を引いて驚いた。侃侃諤諤《かんかんがくがく》はかろうじて知っていたが、ケンケンゴウゴウは「喧喧囂囂」と書くのだ。いやァこんな難しい字だったとは……。

人間、案外思い込みの強いもので、間違って覚えてしまったものはなかなか修正できない。親しい人が指摘してくれればよいが、そうでない場合、気まずさを考え、控えるのが普通で、ましてや功成り名を遂げた人などは裸の王様同然であろう。心中お察しいたしますって、気がつかないのだからいいか。

幸い私には様々なチェックが入る。ありがたいことだ。高校二年生で首相をシュソウと言って友達にバカにされた。これはありがたかった。大変傷ついたが。

機嫌がいい、上機嫌、の「機嫌」をつい「気嫌」と書いてしまい、そのつど編集者に叱られる。気分がいいのだから上気嫌なのだという思いがあるから、これがなかなか直らない。つまり得心してないのですね私は。だから何度でも間違えるのです。

「先立つ不幸」とも何度も書きました。もちろん「不孝」が正しいのですが、あら不思議、これが編集者や校正者をすり抜けて何度も活字になってしまったのです。ある時ある編集者に指摘されビックリ仰天、孝行の反対語という視点があれば間違いはないのでしょうが、私には幸福ではない状態、それは不幸という短絡が強固にあるわけで、これは勉強になりました。

ふと思いつき、リサーチしました。「ねえ、先立つフコウのフコウってどう書く?」と。呆《あき》れました。十人が十人、不幸と書いたのです。で、仕掛けました。拙著『師匠！』（新潮社）という短編小説集の一つに「先立つ不幸」とのタイトルをつけたわけです。鬼の首でも獲《と》ったかのような苦情の殺到を期待して。

指摘はたった一本でありました。ま、気がつきつつ面倒くせえという人もいたのでしょうが。皆さんも周辺取材をしてみて下さい。かなりの確率で「不幸」が出ますから。

「汚名挽回《おめいばんかい》」と言う人も多い。汚名を取り返してどうするんだよとツッコミを入れたくなるが、かなりの人が言っちゃってますね、そうと気づく前の私のように。挽回するのは名誉であって、汚名はやはり返上するものでしょう。しかし人間、いったん覚えたものはなかなかねえ……。

ふしだらな娘ですが

結婚披露宴の司会は数多く手がけた。千組を超えたところで数えるのをやめてしまったが、ま、ベテランの部類に入るだろう。

これればかりはやり直しがきかないから気合が入り、ずうっと緊張状態であるのでとても疲れる。で、疲労宴という。

同じように進行しながら、規模にも大小がありながら、祝福された結婚、反対されている結婚のそれぞれに感動があるのは不思議なことだ。できちゃった結婚、再婚、再々婚、身体の不自由な人同士と様々な披露宴の司会をしたが、まだできちゃった結婚を世間が容認してない頃に務めた司会は冷や汗ものであった。

新郎新婦入場、開宴の辞ときて、媒酌人による新郎新婦の紹介となった。この時、新婦が突如としてしゃがみ込み、嘔吐《おうと》したのである。彼女を支える媒酌人の奥さん、駆け寄る宴会主任。私の司会歴は百組を超えた頃であったろうか、そこそこに場慣れしていて、いくらか機転もきくようになっていた。だからすかさずフォローした。

「申し訳ございません。新婦は御気分がすぐれないようです。と言いますのも昨夜から緊張のあまりお食事も十分に摂っていらっしゃらないようで、そこへ披露宴のための帯をきつく締めたものですから……」

「つわりだよありゃ。孕《はら》んでんだよあの娘は」

大声が響き渡り、飛び上がりましたね私は。見ると声は新郎側の親戚筋から上がり、一人の老婆が新婦を指差し、つわりだ孕んでると繰り返しているのでした。

その新郎の祖母は耳が遠いと後《のち》に判明し、私は耳の遠い人は声が大きいという真実を身にしみて知ったのだが、できちゃった結婚を司会が了解していてもダメなものはダメで、この場合、親類のうるさ型、わけてもこの祖母には話を通しておくべきだったのですね。少しの休憩の後《あと》、新婦がケロリとして入場してきて場内が和《なご》んだからよかったものの、いや正《まさ》に冷や汗三斗でありました。

乾杯後は雰囲気がほぐれるのだが、乾杯までは概《おおむ》ね厳粛で、緊張故《ゆえ》の失敗はその時間帯に多い。媒酌人が新郎と新婦を取り違えて大混乱などはよくある図で、乾杯の発声を務めた人に豪傑がいた。何とその人は「では新郎新婦の御冥福を祈って」とやったのだ。そういうキャラなのでしょう、ウケてましたよ。

「ふつつかな娘ですが」と言うべきところを「ふしだらな娘ですが」とやって、家族から突き上げを食らった人もいる。両家代表謝辞は代表と言うくらいで、普通新郎の父親が務めるのだが、酔った勢いの新婦の父親が飛び入りでやってのこの体《てい》たらくである。

突き上げに窮したお父さん、「オレは絶対言ってない」と叫び、声の入ったビデオを見せられても「これはオレじゃない」と言い張った。うん、気持ちはよくわかる。

朝立ち

アナウンサーといえども人の子、やはり間違いはおかす。これは御本人も書いたり喋ったりしてらっしゃるが元ＮＨＫの山川静夫氏、麻雀の席を抜け出し、天気予報を読むべくマイクに向かって「今日は東《トン》の風《かぜ》、風力３《ふうりよくさん》」。ま、すでに古典でございますね。

フジテレビの某女子アナが「旧中山道《きゆうなかせんどう》」の横書きを「イチニチジュウヤマミチ」と読んだというのは本当だろうか。いや、ネタとして出来過ぎているんです、この話。ちょっと横に並べてみましょうか。「旧中山道」すなわち「１日中山道」。はい、イチニチジュウヤマミチなのであります。——と読んだら面白いだろう、某女史ならいかにもそう読みそうだというところからの作り話でしょうな。しかし本当だという説も根強くあって……。

江東区をエトウクと読んだアナがいる。豊島区はもちろんトヨシマクだ。真面目、実直がイメージのフジテレビ某男性アナ、「○×総理は今日、△□県へユウゼツに出かけました」ときたもんだ。近ごろ喋るのと同時にスーパーインポーズが出るから逃れようがないね。それには「○×総理、遊説《ゆうぜい》に」としてあったのだから。

早朝のTBS、女子アナのKさんが「ユイユイしい事態です」とおっしゃった。どうも由々《ゆゆ》しい事態と言いたかったらしい。

どこの局か男女の別も不明だが、「故郷にワタを飾る」と読んだアナがいるという。この話、実は疑っている。ガッツ石松さんのキャラならありうるが……。

テレビ朝日『大相撲ダイジェスト』の銅谷《どうや》志朗《しろう》アナ、どういうわけかこの晩はトチりまくった。四股名《しこな》や決まり手を何度も間違え、それでも何とか終了時間となった。

「それではまた明晩お目にかかります、さようなら」

そう言って頭を下げたまではよかったが、もう映像がＣＭに切り替わったと思ったのだろう。銅谷アナ長い下をペロリと出した。のみならず、自らの頭をゲンコで何度か叩き、その映像がそっくりそのまま我が家にも届けられたのである。銅谷アナ、今どうしておられるのでしょうか。私の大好きなアナでした。

ＮＨＫの生放送で下ネタを食らわした女子アナがいるという。しかも朝っぱらから。彼女はお天気情報かなんか受け持っていたらしい。よくあるやつです、スタジオと表を結んでリポートするというあの形ですな。スタジオとのやりとりの最中に、いきなり雨が降り出したという。職務上、この雨に触れなければと思ったか、彼女はこんなことを言い出した。「夕方に降る雨を夕立と言いますよね」

ここでよしゃよかったんだが、このあとのセリフが命取り（生きてます）になった。妙齢の御婦人の口から「では朝降る雨は朝立《あさだ》ちと言うんでしょうか？」というお言葉が発せられたというのだ。また聞《ぎ》きなのが残念である。ああ、リアルタイムでそれを聞きたかった。

座右の銘は1・5

ガッツ石松さんは油断がならない。意表をついたとんでもないことを言い出し、戸惑わせ、ウケさせるからである。果たしてそれは生地《マジ》なのか演技《シャレ》なのか大いに疑問であり、したがって油断がならないということになるのだ。

あなたの座右《ざゆう》の銘《めい》は？　という質問に対する答えが振るっていた。ガッツさんはすかさず「イッテンゴ」と答え、テレビのスタジオのみならず、視聴していた私をも凍らせた。しばらくわからなかったが、どうもガッツさん、「座右の銘」と「左右の目」を聞き違えたらしい。で、１・５なのである。

Ｊリーグが発足した時のガッツさんの感想がスゴい。「ボクシングもプロ化しなきゃな」と言ったのである。いやホントですって、私はこの耳で確かにそう聞いたンですから。

だからガッツさんがクイズ番組に出るとなると、これはハズせない。そしてガッツさんは必ず期待に応えてくれるのだ。

「鎌倉幕府は何年にできた?」という設問に、ガッツさんは自信たっぷりに答えた。

「四一九二年」と。スタジオ騒然、司会者も驚き、「ガッツさんカンベンして下さいよ、今やっと西暦二〇〇〇年になったばかりじゃないですか」とフォロー(?)した。しかしガッツさん、いささかも悪びれず設問に抗議した。

「だってヨイクニツクロウ鎌倉幕府だろ。だから四一九二年じゃねえか」

番組を見ていたすべての視聴者がこう突っ込んだに違いない。

「それはイイクニツクロウ鎌倉幕府だろ!」

イイクニとヨイクニ、意味は同じなんですけどね。

「太陽はどっちから昇る?」にも面目躍如だった。

「右」

そう言い放ったのだ。

「一分は何秒?」という設問の折にはブッ飛んだ。ガッツさんは間髪を容れず「百秒」と叫んだ。いやホントですって。

ボクシングの一ラウンドは三分である。練習もそうで、ジムを見学したとき確認したのだが、三分動くとゴングが鳴り、一分のインターバルがあって、またゴングが鳴って三分動くという仕組みで、してみるとガッツさん、世界戦などの一ラウンドを三百秒、つまり五分戦ったのだろうか。ゴングが鳴ってコーナーへ引き上げる。そこでガッツさんだけ百秒、つまり一分四十秒休んでたのだろうか。

そういうガッツさんであるから、「ワインの主な原料は何?」に対し、

「フランス」

と答えても私はもう驚かないのだ。そう、「いまいちインパクトが弱いな」などと呟《つぶや》くのである。

現役のボクサーであった頃、ガッツさんは縞の合羽に三度笠でリングに上がった。大変に強く、幻の右という必殺パンチを持っていた。その名の通り元祖ガッツポーズの人であり、トレーナーの故エディ・タウンゼント氏を「エデーさん」と未《いま》だに呼び続けるところや、共演者に何か言われると「オーケーオーケー、OK牧場」と応じるギャグさえ好ましく、ウォッチャーとしては目の離せない人なのである。

おでんに靴をはかず

古今亭志ん生《しんしょう》のナマの高座には間に合わなかった。で私は「志ん生を知らない子供達」（このダジャレも通じなくなった？）になるのだが、仕方がないのでテープやレコードの収集に励んだ。

「どこいくの～ォ」

「大きな声だね。目と鼻の先にいるのに、どうしておまえはそうやって船を見送るような声を出すンだよ」

夫婦の会話だが、志ん生のセリフには思わず吹き出してしまう。比喩《ひゆ》のセンスが抜群にいいのだ。

「人の話を聞いて感心しちゃァ首かしげてやがら。蓄音機の犬」

ね、上手いでしょ、例のビクターの犬です。発音はチクオンキでなくチコンキですのでよろしく。

「寝ようよって、おまえの顔は寝ようようって顔じゃないよ。おまえの顔はね、寝てえるものが起きて駆け出す顔だよ」

いや、駆け出すってのがスゴい。

『風呂敷』という落語では、女房を相手に怪し気な中国《もろこし》の諺《ことわざ》を振り回す。

「『女三階《おんなさんがい》に家なし』って、おめえは知らねえだろう」

「何だいそりゃ」

「いや、だから、女は三階にいちゃいけねえってンだ。一階に用があったらいちいち降りてこなくちゃいけねえだろう。だから女は一階にいろと、こういうこった。『じかに冠《かんむり》をかぶらず』ということを言う。じかに冠をかぶったら痛いだろう。だから冠をかぶる時にゃガーゼかなんかをまず敷いて、それからかぶれという戒めなンだ。それから『貞女《ていじょ》、屏風《びょうぶ》にまみえず』と言う。貞女がいるのはいいンだ。貞女がいるのはいいンだけども、その前に屏風があったらせっかくの貞女が見《め》えなくなっちゃう。だから貞女の前に屏風を立てちゃいけねえという教えなんだ、わかったか。それからこういうことを言うよ。『おでんに靴をはかず』だ、どうだ」

「なんでおでん食うとき靴をはいちゃいけないンだよ」

「バカだなァおめえ、考えてもみろよ。おでん食うとき靴をはいててごらん。屋台を引いてるおでん屋のオヤジはどう思う？　あ、この人は靴をはいてるけども、カネを払わずに駆け出したら早えだろうなって心配するじゃねえか。だからおでんを食うときにゃ下駄とか雪駄《せった》にしろということなンだよ……」

ものスゴい解釈だ。初めて聞いた時から笑いっぱなし、こういうのって元の諺を知らなくても演者のキャラクターで笑えるんですね。因《ちな》みに元の諺は、順に「女三界に家なし」「李下《りか》に冠を正《ただ》さず」「貞女両夫《りょうふ》に見《まみ》えず」「瓜田《かでん》に履《くつ》を納《い》れず」であります。三界が三階、李下がじか、両夫が屏風、瓜田がおでん、すべてそこからの展開で、いや志ん生、飛びっぷりが素晴らしい。

名人・桂文楽

意識して先代桂文楽《かつらぶんらく》を聴いた最初、導入部のシンプルさに驚いた。普通落語家が高座に出ると、時候の挨拶をしたり、キャッチフレーズを言ったりし、それからいわゆるマクラといったものを喋るのだが、文楽の場合、「いっぱいのお運びでございまして厚く御礼申し上げます」と律儀な挨拶はしたものの、そのあとワンフレーズだけ添え、スルリと落語、つまりセリフへと入ってしまったのだ。

「四万六千日《しまんろくせんにち》、お暑い盛りでございます」

それだけであった。私は高校一年生、ちょうど落語に魅入《みい》られた時期で、その落語が『船徳《ふなとく》』であるとはわかったが、「四万六千日」がわからなかった。調べて、それが浅草観音の縁日、七月十日（この日に参詣すれば四万六千日分の御利益がある）を指すとわかったが、私は今で言うカルチャーショックを受けた。つまり「四万六千日」は落語における季語、夏の代名詞であったのだ。「はい、夏の噺《はなし》をします」では芸がない。で「四万六千日、お暑い盛りでございます」であったのだ。

やはり文楽の十八番《おはこ》に『寝床《ねどこ》』がある。

大店《おおだな》の旦那が酒肴を用意して義太夫を聞かせようとするのだが、長屋の連中は何のかんのと用をつくって出てこない。怒った旦那が長屋を出てけ、店立《たなだ》てだと怒鳴ると、長屋の連中は渋々集まる。機嫌を直した旦那、夢中になって語ってると客席が妙に静かだ。御簾《みす》をめくってビックリ、何と長屋の連中はゴロゴロ寝入っているではないか……。

上手い芸ならカネを払ってでも聴くが、御馳走になったって下手なものはヤだ、という素人芸を皮肉った落語だが、文楽はやはり無駄なことは言わない。こんな狂歌だけでスッと入る。

「まだ青き素人《しろと》浄瑠璃《じようるり》玄人《くろと》がり、赤い顔して黄な声を出す」

蜀山人《しよくさんじん》だが、見事ではありませんか。青、白、黒、赤、黄と五色を用いて皮肉ってるんですね。そして文楽はこの歌のみで、セリフにスルリと入るのです。

『明烏《あけがらす》』ではもっと意味深長《いみしん》になる。文楽はやはり「弁慶と小町はバカだ、なあ嬶《かか》あ」とだけ言うのだ。

何のことかは今でこそわかるが、こりゃ高校生には無理だ。武蔵坊弁慶と小野小町の生涯というより、その私生活、男と女の部分にスポットを当てて初めてわかることであり、そうかセックス賛歌なのかとわかるまでずいぶんかかったっけ。

『明烏《あけがらす》』は童貞破りの噺である。女嫌いで堅物の若旦那が、泣き叫んだ挙句に吉原の売れっ子花魁《おいらん》と一夜を過ごし、感想を聞かれ、はい大変ケッコウな……。どうです、最初のひと言と主題が見事に一致しているではありませんか。うーん、桂文楽、正《まさ》しく昭和の名人でありました。

天が許しません

　ふと気がつくと先人の口調をなぞっていることがある。

　昭和四十年代、噂に聞く三十年代ほどではなかったものの、落語界にはまだ大勢の古老達がいた。そんな人達の高座の決めゼリフ、あるいは楽屋における口癖を、約三十年を経た今、私自身が後輩に向かって発していたりするのだ……。

「べけんや。ええキミ、バカなべけんやですよ。フォッフォッフォッフォッ……」

　御存知、黒門町《くろもんちょう》こと先代桂文楽の機嫌のいい折の口調である。「べけんや」であるが、この際意味はどうでもいいだろう。とにかく黒門町は機嫌のいい時にしかそれを発しないのであるから。

　暮れの寄合いだったか、林家彦六《はやしやひころく》がまだ正蔵《しょうぞう》と名乗っていた頃、その挨拶にしびれた。

「高座《たかざ》ながら一言《いちごん》申し上げます」

正蔵はそう言って挨拶に入ったのである。独特のあの震えるような声でそう言ったのだが、「高座ながら一言」という言い回しに私はしびれた。そう思ったのは私だけではなかったようで、騒がしかった場内がそのひと言で静かになりましたっけ。

「実にどうもけしからんもんで……テヘヘ」

三遊亭円生《えんしょう》は、これを高座でも楽屋でも言っていた。円生の物真似をする人も必ずこれを入れるくらいで、「前方《まえかた》はこの三球照代《さんきゅうてるよ》という夫婦漫才で、たまには一緒に寝たりなんかするという、実にどうもけしからんもんで……テヘヘ」と使うのだが、円生師、実に楽しげであった。けしからんのしをすに近い発音にすると、誰でも円生に似てしまうのは不思議だ。

「感心な小僧だ……」

これは落語『水道のゴム屋』の中のフレーズで、演者は先々代三升家小勝《みますやこかつ》であるが、今や一人歩きし、多くの落語家が折々に使っている。要するに子供や若手が気の利いたことをしたりやったりした時に、そう言えばいいのである。約束事はただ一つ、先々代小勝の口調で言わねばならない。

「え、あ、落語はようがすよ。落語を聴くと出世をするン。最高が吉田茂さんね、あの人は落語を聴いて総理大臣になったン。だからあなた方も総理大臣になりたかったら落語をお聴きなさい。聴いてなれなきゃ、それまでなン……」

先代桂文治《ぶんじ》の漫談である。この人、一般より落語家に人気があって、このフレーズ、今も一日に一回は誰かがどこかで披露しているだろう。

「天が許しません」

これも黒門町のフレーズである。怒っているのかと思えばさにあらず、誰かがモテた話などをした際に、機嫌よく甲高《かんだか》い声でそれを言うのである。

食ってから訊け

入門早々、談志のカバン持ち、つまり付き人をしていた頃、食事の際に供された料理を見て、見馴《みな》れぬモノであったので、供した人に「これ何ですか?」と訊ねた。途端に談志のカミナリが落ちた。「食ってから訊け。食いもンに決まってるじゃねえか」小言の勢いにはショックを受けたが、内容には合点がいった。そう、飲食店の料理はすべて食い物なのだ。食えない物を出すわけがないのだ、カネを取るのだから。口に入れ、味わい、それでもわからなかったらそこで初めて、素材や調理法を訊けばいいのである。

以来、私はとりあえず何でも口に放り込む男になった。日本はもちろん、中国、香港、韓国、台湾、タイ、インド、UAE、ヨルダン、エジプト、イスラエル、トルコ、ケニヤ、ナイジェリア等々どこでもである。で、どうなったかと言うと、これが評判がいいのである。これは日本人に食えないだろうというモノを質問もせずにパクリとやるのであるから、料理人も現地に住む日本人も驚き、何だかわからないが、エライということになるのだ。

エヘンと一つ咳払いをして能書きだ。「食い物に決まってるわけでしょ。口に入れる前にこれ何ですかってのは作った人に失礼ですよ」

談志の受け売りを、まるで自らが発見した真理であるがごとくに語るわけだが、そうなると周囲はますます尊敬のまなざしになるわけで、私は更にふん反り返るという……。

「カレーライスはどう食っても構わんが、蕎麦《そば》だけはちゃんと食え」

これも入門早々に言われたことだ。つまり、「ワサビをツユに溶くな」「ソバをツユにジャブジャブ浸《つ》けるな」「さっさと食え」ということである。「いつまでクチャクチャやってやがンだ。口ン中でクソになっちゃうじゃねえか」という小言もあるくらいで、落語家はかなり蕎麦にはうるさいのである。

談志の師匠柳家小さんの蕎麦の食いっぷりは見事だった。ある晩、上野は鈴本演芸場の高座を終えた小さんが、我ら若手を蕎麦屋に誘ってくれた。

蕎麦屋は満員で、小さんの前に蕎麦が運ばれた時、店内の視線が小さんに注がれるのがわかった。小さんはこの晩自らが演じた『時そば』によって蕎麦が食いたくなったのであり、客もまた小さんの『時そば』を聴いて蕎麦屋に駆けつけていたのだ。一同が凝視する中、小さんが蕎麦に取りかかった。見事な、落語さながらの食いっぷりで、もり二枚が瞬くうちに小さんの腹に納まった。その芸（?）には高座同様の拍手が送られたくらいで、小さんはポンと勘定を済ませ表へ出た。我らがあわてて後を追ったら、小さんがポツンと立っていた。

「他人《ひと》に見られてると、味がわからねえな。さ、口直しだ、も一軒行こう」

飲むンですか？

蕎麦話その二。

「蕎麦前《そばまえ》」という言葉は新鮮だった。「蕎麦前どうする？」「オレは酒、冷やで」「そうか、オレはビールに焼鳥だ」という風に、文字通り蕎麦の前の飲み物や肴《さかな》を指す言葉なのだ。

ビールには焼鳥、日本酒に板ワサ、あるいは玉子焼、蕎麦味噌、焼海苔《のり》等、蕎麦前の組み合わせは色々あるが、前座であった頃、某真打が「ヌキ」という注文をした時には戸惑った。ヌキという意味がまるでわからなかったのだ。

「ヌキ？　テンヌキのことさ」

さあ弱った。テンヌキもわからない。

「天プラ蕎麦のダイ抜きのことだよ」

天プラ蕎麦はわかるが、ダイ抜きのダイ、がわからない。ダイとは一体何を意味する言葉なのだろうか。やがてそれが真打の前に置かれた。見るとそれは丼の中に熱いツユを張り、その中にテンプラを入れたものだった。

ダイ抜きのダイは台、台はソバのこと、つまり「ヌキ」とは、天プラ蕎麦からソバを抜いたものだったのだ。

危うく失敗《しくじ》るところだった。天プラ蕎麦のダイ抜きと聞き、「天プラ蕎麦から天プラを抜いたら、単なるかけ蕎麦になっちゃうじゃないですか」と、言う寸前であったのだ。

かつて「楽《らく》そば」といういい風習があった。十日間興行の千秋楽に、御贔屓《ごひいき》から大量のもりソバが楽屋に届けられたのだ。真打《とり》に対する敬意であるが、出番の済んだ演者から順にツツッとたぐる様はなかなかいい光景で、と言いたいが、腹っぺらしの前座にとってこれは地獄で、とにかく前座は終演になるまでこれに手をつけることがかなわないのだ。

やっと向き合うと、もりソバはひどいことになっていた。箸がなかなか入らないばかりでなく、ようやく入るとひと塊《かたまり》になって持ち上がってくるのだ。そこはよくしたもの、智恵者はいる。やはり千秋楽ということで届けられた一升瓶を持ち、その口を押さえながらソバの上にタラタラッと数滴、するとあら不思議、ソバは見事に解《ほぐ》れ、そこそこに甦《よみがえ》るのだ。空《す》きっ腹に不味《まず》いものなし、三枚も四枚も食べたっけ。

某古参二つ目の愚痴には笑った。

「こないだひどい蕎麦屋に入っちゃってさァ。ヤな予感はしたンだよ、店ン中で子供が宿題やってたから。肝心のソバがひでえのなんのって、こうなったら楽しみはソバ湯だけ、だからソバ湯くれって言ったよ。そしたらそこのカミさんがヘッ？　てやンの。ソバ湯だよソバ湯、湯桶《ゆとう》、ソバを茹《ゆ》でたお湯があるでしょ、あれだよって言ったら、あれどうすンですか。飲むンだよ。えっ、あれを飲むンですか。そうだよ。いいンですか、うちではソバもラーメンも一緒に茹でてンですけどって、オレ、逃げてきたよ」楽屋は大ウケでした。

ピートロ

このところ二度続けて私の言葉が相手に伝わらない、ということがあった。

居酒屋で飲んでいて喉が渇いたので、通りかかった女の子に「オヒヤを下さい」と言ったわけです。すると彼女は「冷酒《ひやざけ》ですね」と返したのであります。それまで燗酒《かんざけ》を飲んでいたから気を利かせてそう答えたのかと思ったのですが、彼女は「オヒヤ」そのものを知らなかったわけです。

酒席で水をくれでは艶《つや》消《け》しでしょう、と言ったのだが彼女はチンプンカンプン、ついでに訊きました。「私のような呑兵衛《のんべえ》を『左《ひだり》利《き》き』とか『左党《さとう》』と言うのを知ってるかい」と。それでも彼女は頭《かぶり》を振るばかり。で、とうとう講釈です。

「そこへ座ンなさい。これは大工さんの道具から来てるンだ。右手に持つのが金槌《かなづち》だから右手を槌手《つちて》という。で左手に鑿《のみ》を持つわけだ。だから左手を鑿手《のみて》という。それから金槌で鑿を打って臍穴《ほぞあな》を掘るわけだ。わかる？　あっそう、じゃ臍をかむって言葉も知らないわけだ。ま、何でもいいや、要するに饗は飲みというシャレでね、だから飲み助のことを左利きとか左党と言うんだよ」

この私の説明を、彼女は奇人変人を見るような目をして聴いてましたっけ。

もう一つは家族で焼肉屋へ行った折のこと。育ち盛りの豚児《とんじ》達がずいぶん食った。ふと、この額は接待交際費として落とせるかもと思い、レジに申し出た。「ウケトリを下さい」と。ここでレジの女の子が「はあァ?」と妙な声を出したのである。「何ですかそれ」とも言ったっけ。

「ウケトリだよウケトリ。あ、領収証だ、領収証のこと」

すると彼女は思わぬ切り返しを見せるのですね。「レシートじゃダメですか」と。ダメじゃないんだ、ダメじゃないんだが、領収証の方がいいという程度なんだが……。

彼女から二つのことがわかりました。これまで領収証を書いたことがないらしいこと、それにレシートの方が領収証より上等だと思っている節があることです。

「これからもあることだから領収証を書く練習をした方がいいよ。それからレシートより領収証の方が正式だからね……」

そう言ってるところへ店主が現れ、理由を聞いて大恐縮、しかし彼は私の袖を引き、こう囁《ささや》いたのでした。「アルバイトの子をあまりイジメないで下さいよ。近頃の子はお客さんに何か言われるとすぐやめちゃうんですから」

それとは別に焼肉屋で一つ知識を得た。P《ピー》トロというメニューがあり、それは豚の脂《あぶら》の部分なのだが、ピッグのPではなくポークのPなんだそうな。豚児に教えられました。

消防署の方から

コンビニのレジで「五千円からお預かりします」と言われた。ハンバーガーショップでも「千円からお預かりします」と言われた。

そういうマニュアルがあるらしいのだが、〜円からというのは一体どういうことなのだろう。あまり不思議なので訊いてみた。

「〜円からって、あなたは〜円札から何を預かるの？　私から〜円を預かるのではないの？」

最初キョトンとし、次に、言いつけ通りにやってるのに、この人は何を言うの、何がおかしいのという表情をしましたっけ。そういう顔をするならこっちにも考えがあるぞ、みっちり小言をと思ったら残念、レジに行列ができてました。

高級でないレストランでメニューを開いたら、初めて見る片仮名の料理があった。

そこで傍《かたわ》らのウェイトレスに訊ねた。

「ねえ、これどんな料理なの」と。

この時の女の子の答えがよかった。目から鱗《うろこ》でありました。彼女はこう言ったのです。

「バイトですからわかりませーん」

参りました。ギャフンというやつで、それじゃしょうがないと私は口をつぐみました。しかしなんですね、責任を取りたくないからこそのアルバイトなんですね、いやたまげた。


一時期、「消防署の方《ほう》から参りました」と言い、消火器を売りつける商法があった。消防署と言わずに消防署の方とボカすところに妙があったわけだが、これ今、各方面に定着しましたね。

居酒屋でも「お酒の方どうなさいますか」「お料理の方はどうなさいますか」「お勘定はレジの方でお願いします」で、こないだは初対面の人に「仕事の方はどうですか。健康の方は……」と言われた。「コーヒーの方お代わりいかがですか」と言われたのはファミレスで、私はその度に「ほうほう、そうですか」と控え目に突っ込むのだが相手は一向にこたえず、ほうほう、ほうほうの応酬となるのである。

数年前、豚児が少年野球をやっていて、ナインが我が家に来ることになった。よし何か食わしてやろうと思い、近所のハンバーガーショップへ出かけた。ハンバーガー10、ポテト10、コーラ10を注文したのだが、店の女の子は復唱し、こう付け加えた。

「こちらでお召し上がりになりますか、それともお持ち帰りになりますか」

私の前でそういうことを言っちゃまずい、ふざけたことを言うなと抗議に及んだわけだが、これ、懲りずに今も言ってるんですね。からかったら逆に抗議された。今こそ訊かなきゃいけないんだそうです。そう、十人前セットをペロリと食っちまうのがいるんだそうです。例の大食いブームと価格破壊のお陰で。

ボールも右寄り

古今亭志《し》ん駒《こま》師匠はヨイショの達人として斯界《しかい》に鳴り響き、すでに伝説化しているエピソードも多い。まずはゴルフ三題。

あの杉様こと杉良太郎さんに可愛がってもらい、ある日ゴルフのお供をした。どうしたことか杉様、調子がよくないと見えて、ボールがみな左右の土手に上がってしまう。こういう時に志ん駒師のヨイショは真価を発揮する。志ん駒師、杉様にこう言ったのだ。「いよっ、人気と同じで上がりっぱなし」と。

スゴイわねえ、その御褒美がレミーマルタン十本だって。今のではない、二十年前のレミーですぞ。

右翼の大物に誘われ、お供をした。大物氏、ものすごいスライスボールを打つという。こういう時にも志ん駒師はひるまない。「いよっ、大将、憎いね、ボールも右寄りだ」

このひと言で三万円の御祝儀が出たという。「え、談四楼、この調子で十八ホール回ったわけだから、ウヒヒ」とは志ん駒師の弁だ。

志ん朝夫妻ともラウンドしたという。志ん朝師は平成十三年惜しくも亡くなったが、当時は押しも押されもせぬサラブレッド、でまあその方面のヨイショをする。グリーン回りへ来ると、「さすが朝サマ。うーん、寄せ（席）が上手い」てなことを言うわけだ。

問題は夫人である。夫人は私などには少し気むずかしそうに見え、第一おそれ多くてなかなか接近もままならないのだが、志ん駒師はこういう人にも積極的にアプローチする。さて打とうという時にあえて近くに寄り、ボソッと呟くのだ。「弱っちゃうよなァ、器量がいい上にゴルフまで上手いんだから」

どうなりました？　と訊いたら、「家に招かれちゃって大変、もう御馳走攻め」だったそうな。

「オレはね、女房《カミさん》にも子供にもヨイショするよ」と聞かされた時、ドキッとした。

「カミさんや子供の機嫌がいいと家の中が明るくなるんだよ。そうなると旅が続いても家を安心して任せられるしさ」

反省しましたね、私はそれをやってないんだ。いや心懸けてはいるんです、許せ家族よ。

その志ん駒師も還暦をいくつか超えた。世間では定年だが、ある日、質問してみた。「ヨイショの対象が年下ばかりで、やりにくくはありませんか」と。志ん駒師は「全然、年下だろうと誰だってヨイショするよ。一歩表へ出るとね、もう街を歩いてる人のすべてが客に見えてしょうがねえ」と答えた。丁度そこへ小学生と覚しき子供が通りかかった。志ん駒師すかさずしゃがみ込み、揉み手をし、「おや、坊っちゃん、どこ行くの。今オジさんが面白い話をするから、そのソフトクリームをひとなめさせておくれよ」ときた。エライなあ。

因みに志ん駒師の座右の銘は「される身になってヨイショはていねいに」である。

氷がとけると□になる

近頃の大学生は簡単な計算もできない、ものを知らない、読み書きができない。もうずいぶん前からそう言われている。私は高校卒業と同時に入門したのだが、私が入門した昭和四十五年、すでにそう言われていた。つまり私の同世代もそう言われていたわけで、そのころ高座でこんなギャグが流行《はや》った。

「□肉□食　□内に正しい漢字を入れよという問題が出た。ところがある大学生は焼肉定食だってさ。ほんとバカですね大学生は」

某二つ目の高座を聞き、そのどこが間違いなんだろうと私は思った。当時焼肉はまだ一般化しておらず、紛れもなく御馳走であった。滅多にありつけないそれを空腹時に思い出すのは当然のことで、そりゃ冷静になりゃ弱肉強食という答えは出てくるのだが、前座修業中の腹っぺらしは苦学生であろう大学生に大いなる共感を覚えたのだった。

近年の話である。小学校の理科にこんな問題が出たそうな。

「氷がとけると□になる　□をうめなさい」と。水になるが正解らしいのだが、□に春という文字を入れた子がいた。より正解である。何という想像力豊かな子であることか。素晴らしいと私は絶賛するのだが、教師はけんもほろろにバツをつけたというのだ。のみならず、まったくフォローしなかったというではないか。

バカな教師である。私だったら二重丸、いや花丸をやる。半丸にして話をするのもいいかもしれない。「物事を大きく見るというのは大変いいことだよ。だけどこれは国語ではなく理科のテストなんだ。だから半丸なんだよ」と。ここでふと思う。国語にしろ理科にしろ、氷がとけると春になるというのは、いずれにしても正解なのではないか。


こんな小咄《こばなし》がある。

子供が学校から帰ってきた。

「おばあちゃん、カミナリは電気だってね」

「ウソおっしゃい、ランプの頃からありましたよ」

教育に冒されてない人を見るのは気持ちのいいものだ。

（先代の）林家正蔵は晩年を彦六という名前で通した。正月明けの彦六邸（長屋）、どうしてモチにカビが生えてしまうのだろうと、前座が不思議がっている。ガヤガヤやってると彦六、「てめえたちゃ、そんなこともわからねえのか」

前座は唖然。

「し、師匠はなぜモチにカビが生えるか御存知なんですか」

「知ってるとも」

「ど、どうしてなんです？」

彦六たったひと言、

「早く食わねえからだ」

腹が数寄屋で……

二人で銀座を歩いている時、兄弟子の桂文字助《かつらもじすけ》がまず「ラハがキタヤマだな」と言い、「腹が数寄屋《すきや》で目が丸の内ってなどうだ」と重ねた。

場所が場所である。数寄屋橋も丸の内も近く、私は「上手い」と絶賛した。

因みにラハがキタヤマとは落語家の符丁で「腹が減った」の意、ハラをひっくり返してラハ、北の山は天気のいい日には透《す》いて見える、つまり腹がスイタで、腹が数寄屋で目が丸の内はそれにかけた抜群のシャレなのである。

私は落語家として悔しくてしょうがなかった。たまたま集英社発行の雑誌を手にしていたので「赤いランプの集英社」と仕掛けた。もちろん春日八郎唄うところの「赤いランプの終列車」のダジャレであるが、幸い文字助は大ウケし、惨敗は免れたのだが、それにしても「腹が数寄屋で目が丸の内」は上手かった。

この文字助、とてつもなく酒癖が悪い。素面《しらふ》の時にゃァいいが酒を飲んだら虎狼《とらおおかみ》というやつで、私などどのくらい酷《ひど》い目にあっているか。それは師匠の談志も呆れるほどで、ある日、談志は警察からの呼び出しを受けた。文字助という弟子がタクシーの運転手とケンカをしたのでもらい下げに来てくれと。

談志が警察に着いたら、警官だか刑事だかが「運転手も悪いが、いやあなたの弟子は相当に悪い」と泣きついたという。これを聞いて怒ったのが文字助である。「何をこのヤロー、まるっきりオレが悪いみてえな言い方じゃねえか。このワッパ回し（運転手）が生意気な口をきいたからケンカになったんだ、ケンカを売ったヤローの肩を持つやつがあるかバカヤロー」

まあまあと分けて帰る道すがら、談志は文字助に叱言を言った。「いくらなんでも警察に突っかかっちゃいけないよ」と。しかし文字助は抜け抜けとこう答えたという。「大丈夫です師匠。ヤクザに突っかかるとズブッとやられますが、いくら突っかかったところで警官刑事《あいつら》が銃《チャカ》をブッ放す気づかいはありませんから」

文字助は元来、先々代三升家小勝《みますやこかつ》の弟子で、師匠亡きあと談志に引き取られたという経緯がある。三升家《こかつ》という人は弟子に厳しいことで知られ、オレは三升家を勤め上げた男だ、が文字助の自慢である。「オレは気が利く」とあまり言うので、談志が海外公演に連れてった。「気が利くどころか何もしやしねえ。弟子なんだからオレの荷物を持てと言ったらヤロー、師匠、あっしの手は二本きゃねえと言いやがった」とは帰国後の談志の愚痴である。おまけに談志のトランクを一つ失《な》くしたという。しかし二カ月後、保険会社から数倍の賠償金をふんだくって持参したというから不思議な人だ。

しばらくして談志に「どうだ、そろそろ海外に行くか」と訊かれた文字助、

「またにしましょう」

と答えた。

弟子があの談志にである。

客の都合

文字助話その二である。

文字助が馳走すると言う。とっさに断わる理由が浮かばず、従《つ》いてった。その店は穴場とも言えるヤキトン屋で、「ここのレバ刺やガツ刺を食ったら、他《ほか》の店は屁《へ》」なんだそうな。

江東区にあるその店の前にタクシーが止まった。真っ暗である。

「定休日でもねえのにおかしいな」

そう呟きながら文字助が店の前に立つと、そこに貼り紙がしてあり、「お客様へ誠に勝手乍《なが》ら都合により休ませていただきます　店主敬白」としてあった。

文字助は腕組みをしてしばらくそれを眺めていたが、私を振り返ると「何か書くものはねえか」と言い、私の差し出す筆ペンのキャップを取った。そしてまずは店主敬白の「敬白」の部分に二本線を引き、脇に「軽薄」と書いた。次いで余白に黒々と

「てめえの都合ばかり並べやがって、客の都合はどうなるんだ」と書き、「桂文字助参上」とした。

翌日、恐縮した体《てい》の店主から、誠にごもっともなことでと詫びの電話が入ったという。以来その店では臨時休業する場合、貼り紙に「お客様の御都合を顧みずに休みますこと、幾重にもお詫び申し上げます」と書き添えられるようになったという。

文字助と奥日光へ出かけた。仕事である。ホテルでの司会とヨキョウをこなし、東武日光駅に着いた。ここで浅草行きの急行もしくは特急に乗り換えるためである。それまで時間があるので、二人は改札を抜け、駅前広場に出た。見渡すと土産物屋や食堂が並ぶ中に一軒の靴屋があり、なぜか文字助はその店に入った。

黒だ茶だ、この形じゃダメだ、もっと色々見せろなどと言い、文字助は様々な靴を試し履きし、結局は最初の靴に決めた。このまま履いて帰ると言い、それまで履いていた靴に関しては「手数をかけてすまんが処分してくれ」と店員に頼んだ。そして勘定の段になると「釣りはいい、取っといてくれ。多いと思ったら土地でも買って家でも建てろい」と機嫌よく笑った。

文字助はその高級紳士靴が気に入ったらしく駅前広場を闊歩《かっぽ》し、ついにはスキップを始め、しばしそれを楽しんだ。でそのまま私のところへやってくると、耳元で「ありがとう」と言ったのである。

私は意味が呑み込めず、「へっ?」と言ったと思う。呆然《ぼうぜん》とする私に文字助は重ねた。

「靴を買ってくれてありがとうと言ったンだが……」

「……」

「まだわからんか。おまえのギャラで靴を買ったンだよ」

この一件を私が楽屋で愚痴り、それが言葉足らずで広まって、文字助は極悪非道ということになったが、ここで文字助の名誉のために弁護しておきたい。文字助はその日、礼だと言い、浅草の蕎麦屋でもりソバを奢《おご》ってくれたのだ。しかも大盛りをビール付きで。

タクシードライバー

文字助話その三である。

約二十年前、文字助の真打昇進披露中のこと、文字助はこの時期、見栄を張るだけ張り、落語史に残る大借金を負ったのだが、それはさておき、見栄を張ってのハシゴ酒、移動中のタクシー車内でのことである。

当の文字助が後部座席の奥、真ん中が私で、乗降口に近い席が左談次《さだんじ》、助手席が龍志《りゅうし》という布陣であったが、乗り込んだ時点で何かが起こる予感がした。運転手がハイどーぞ、どちらまで、わかりました等の言葉をひと言も発しなかったからである。

落語家は、落語家もタクシーの運転手もサービス業と考える。つまり同業意識を持っていて、普段は優しく接するし、よく話もする。だからこそこの手合いは許さないのである。私が報復の手段を考えるよりも文字助の動きの方が早かった。その日着物を着ていた文字助は履いていた雪駄《せった》を脱ぐと、その雪駄の裏で助手席の龍志の頭をスパーンと殴り、言ったのである。「このウスバカヤロ、てめえの説明が悪ィから運転手さんが口をきいてくれねンじゃねえか。そんなこっちゃ金バッジへの道も遠いからとっとと故郷《くに》へ帰れ」

ここで偉かったのが龍志である。金バッジというひと言を受け、「すいません親分」を連発したのである。左談次が「まあまあ兄ィ」と文字助を制し、私は私で「いやこういうことはケジメをつけなきゃいけません」と、龍志の後頭部を平手で打った。

この一門、こういう時だけは役どころを心得、瞬時に息を合わせるのである。

我らはその後黙り込み、運転手がゴクリと唾《つば》を呑む音が車内に響いた。

交差点の信号が赤に変わり、タクシーが止まった。おや交番があるなと思ったその時、運転手がドアを開け、転がり出た。そしてその交番に「助けてー」と駆け込んだ。でまあ一同は交番で事情を訊かれたのだが、犯罪は成立しなかった。そらそうだ、我々は運転手に何らの危害も加えてないのだから。

薬が効き過ぎたというやつで、運転手は怯《おび》え切っていた。さ乗せてってくれと言う我らに激しく頭を振り、やだやだと涙声、じゃここまでの勘定をと言うと要らない要らない、頼むから他のタクシーを探してくれと拝み出す始末。どうしたもんでしょうと警官を見ると、当人が要らないと言うんだからいいでしょうと持て余し気味であった。

では引き上げますか、お世話になりましたと警官に声をかけ、我々は表へ出た。一番下の龍志があらためてタクシーを止め、所定の位置に乗り込んだ。一転してバカに愛想のいい運転手、我々がその違いに思わず笑い出すと「御機嫌ですね、何かいいことあったンですか」という世辞だ。文字助が祝儀をはずんだのは言うまでもないが、飲み屋に落ち着いた時の文字助のひと言には笑った。

「最初のタクシーな、あの芝居、降りる間際にやりゃよかったな」

カラス黒猫を洗う

同期に林家らぶ平という愛すべき男がいる。その場でバレるウソをつく男としても有名で、ある日、仕事に遅れてきてこう言った。「ゴメン、新幹線が事故っちゃってさァ」と。さあ仲間はいっせいに突っ込んだ。「それ大変だよ、ニュースでもやるし新聞にも載《の》るよ」と。するとらぶ平、「いや新幹線から乗り換えたら、それが事故ってさァ」と、ウソを重ねるのである。

「あいつそのうち飛行機が事故ったかなんか言いだすぜ」と仲間は諦《あきら》め、あえてウソを楽しむほかなくなっているのだが、意外やらぶ平、造語の名人なのである。

前座の頃、我ら同期を前にこう言った。「ねえみんな、家畜の勢いで売れようよ」と。「それ、破竹の勢いの間違いじゃねえのか」我らは当然の疑問を呈したが、彼は真剣だった。「あれ？　みんな牛とか馬に追っかけられたことないの？　ものすごい勢いだよ。あれを見習えば売れると思うんだよ。だからさ、みんな売れようよ。家畜の勢いで」

他の仲間は苦笑していたが、私ひとり納得した。私は牛に追いかけられたことがあるのだ。忘れもしない小学五年生、私たち悪童は農家の庭先でベーゴマに興じていた。そこへどうした加減か遠くでエサを食《は》んでいたはずの牛が、突如として突進してきたのである。

悪童どもはワッと散ったが、牛はなぜか私を追いかけてきた。後方三メートルのあの地響きを私は忘れない。怖いの何のって。私は左へ直角に曲がり、牛は直進して事無きを得たのだが、家畜の勢い、それはらぶ平の言う通りものすごいものなのだ。

ある日、らぶ平が囁きかけた。「カラス黒猫を洗うって格言があるよね」と。格言というより諺であろうとは思ったが、この時点で私は彼が「カラス黒猫を嗤《わら》う」と言ったのだと思っていた。同じ意味あいで「目クソ鼻クソを嗤う」もあるなと。元来らぶ平は口元にしまりがなく言語不明瞭、しかし彼は「カラス黒猫を洗う」について語ったのだった。

「カラスが黒猫を見て可哀相になったんだね、あんまり黒いんで。で少しでも白くしてやろうと思って洗ってあげてるんだよ。これが『カラス黒猫を洗う』ということなんだよ」

私はその時、らぶ平の顔をマジマジと見ましたよ。

二つ目になって数年後か、一同あんまり売れないんでウサ晴らしに酒を飲もうということになった。我らが飲んでる店へ一時間遅れでやってきたらぶ平が言った。「やってるね、和気ワイワイと」和気あいあいではない、らぶ平は明らかにワにアクセントを置き、ワ、イ、ワ、イと言った。一同怪訝《けげん》な顔をすると、「気分が和《なご》んで和気、徐々に盛り上がってワイワイやる。これがホントの和気ワイワイ」、らぶ平は愛敬たっぷりにそう言ったのだ。

一同大納得、このとき我らはらぶ平を、造語の名人と認定したのである。

狸は他抜

今や伝説の人、古今亭志ん生の色紙には稀少価値がある。当人が書きたがらなかったこともあるが、九十九パーセントが偽物だからである。私は一度だけ本物を見たことがあるが、十八番《おはこ》の『火焔太鼓《かえんだいこ》』の絵が描いてあり、脇に小さく「志ん生」とだけしてあった。印象は下手である。そして書きたがらなかった理由もわかった気がしたのだが、それでも、なるほどこれが志ん生の直筆《じきひつ》なのかと、しばし見入ったのだった。

ここで種明かし。偽の九十九パーセントを書いたのは、長男の先代金原亭《きんげんてい》馬《ば》生《しょう》である。しかもそれは馬生が左手で書いたものだという。つまりあえて下手に。

すでにおわかりでしょう。馬生もすでに故人です。偽物をお持ちの方は「これはあの馬生が左手で書いたものだ」と自慢して下さい。そう、偽物も価値のあるものなのです。

三遊亭円生は真面目に丁寧に書いていた。機嫌のいい時は鼻唄混じりで。水墨画風の絵を描き、脇に「雪月花」と書いたのを覚えている。ビックリするほど上手くはないが、努力して上達したという印象の色紙であった。

黒門町こと先代桂文楽の色紙も偽物が多いとされている。弟子が書いたのだが、その名を明かすと夢が壊れるので、あえて書かない。

偽物であっても、その文句には感心した。「らしくぶらず」と書いてあったのである。らしく、ぶらず。いいフレーズではないか。

柳家小さんの色紙は有名である。絵も文字も抜群に上手いのだ。絵描きになりたかったというのも頷ける出来映えで、その作業を見るのは我らの楽しみの一つだった。楽屋に墨と硯《すずり》が用意される。それに小皿が二枚。一枚は墨を薄めるためで、もう一枚には醤油《したじ》を二三滴たらし、これも薄めたりして色付けに使うのだ。

狸《たぬき》の文福茶釜《ぶんぶくちゃがま》がアッと言う間に描き上げられる。で、横に「他抜」とくる。芸名を書き、落款《らっかん》を押して完成となるわけだが、ある時、どうして狸に「他抜」という字

を当てるのかと訊いてみた。小さんはニヤリと笑い、

「他人を追い抜くぐらいの気概を持てということだ」

と答えた。


小さんの弟子である談志は、様々な文句を書き散らす。若かりし頃は「笑われるまでに落語家さんざ泣き」とか、「ピエロの笑いには涙がある」などと書いていたが、それが「伝統を現代に」や「狂気と冒険」になり、近頃は「勝手に生きろ」や東京都のマークに似た図柄を描き、相手を戸惑わせている。こないだも脇で見ていたら「天丼八百五十円」と書き、次の色紙には何と「弟子ァ馬鹿だ」と書いた。もらった客が「なるほど、ごもっとも」って、おいおい。

前座の恋の物語

落語家の色紙その二。

小さん亡き後、落語界における色紙の第一人者は芸術協会会長の桂文治師であった。絵も書も正に玄人はだし、しかしいかにして書いてもらうかそのタイミングが難しい。マジックインキで書きなぐる人ではない。小さん同様、しかるべき道具と時間を要した。落語ファンの方、色紙をもらう際には少々のお気遣いのほどを。

もう一方の雄、落語協会会長三遊亭圓歌《えんか》師の色紙であるが、なぜか私はそれを見るのが恥ずかしい。それは一文字シリーズとなっていて、墨痕《ぼっこん》鮮やかに大きく「藝」「道」「和」「夢」などと書かれているのだ。

私はその協会を飛び出したお陰で、書いている場面に居合わせることはないが、油断大敵、ちょいと乙な店などには額装されて飾ってあったりするのだ。途端に赤面し、こりゃいけないと退散するわけだが、そのうち「愛」という色紙に遭遇する危険性もあり、外出を控えてって、そんなわけはない。

橘《たちばな》家《や》圓蔵《えんぞう》師は「笑売繁盛」一本槍だ。数軒の店で見かけたが、すべてそれだった。もちろん「商売繁盛」のモジリであるが、このパターンを使う人は多く、「一笑懸命」「笑売人」などがそうである。

私の同期の古今亭八朝《はっちょう》は圓蔵師のをさらにひと捻《ひね》りし、「笑売半冗」としているが、半分冗談で半冗というのが上手い。ならいっそ笑いを倍にする「笑倍半冗」にしたらどうかと言ったら、「元の字が一つもなくなっちゃうよ」と笑ってた。

八朝の師匠古今亭志ん朝師は、あまり凝らなかった。落語家の高座姿がマンガチックに描いてあり、あとは芸名のみが多く、あってもそれは「えー、お笑いを一席」という程度で、父親の志ん生同様、あまり色紙は得意ではなかったようだ。その分、兄の馬生が実に上手かった。もちろん、右手で書いた場合ですが。

私も頼まれれば書く。頼まれなきゃ書かないって当たり前だが、だいたいダジャレが多い。「シャレのち曇り」、これが基本であろうか。これは私の処女小説集のタイトルでもあり、好んで書いているわけだが、あるとき、「これ、晴れのち曇りの間違いじゃありませんか」と真剣に問う人がいて、とても困った。「前座の恋の物語」、これもよく書くが、銀座の恋の物語の間違いじゃありませんかと問う人はまだない。

「床の間のうしろは便所也《なり》」という文句も好きなのだが、評判はよくない。色紙と便所という文字がミスマッチらしいのだ。

酒場で求められ、「愛は憎しみに変わり、アルコールはアセトアルデヒドに変わる」と書いたら、評判は芳しくなかった。気障《きざ》だと言うのだ。顔と合わないなどと言う人もいて、大きなお世話だと答えた。

情けありまの水天宮

「恐れ入りや（入谷）の鬼子母神《きしぼじん》」と対《つい》を成すものに「情けありま（有馬）の水天《すいてん》宮《ぐう》」があったと某紙に教えられた。恐れ入りや——は落語にも出てきて、今でも時折耳にするが、情けありま——に関しては初めて知ることであった。

久留米の有馬公は参勤交代の江戸詰の間、水天宮にお参りができないのを残念に思い、分霊して江戸屋敷内に祀《まつ》ったという。それが江戸（東京）の水天宮の始まりで、しだいに人気が出て現在の日本橋蠣殻町《かきがらちょう》に落ちついたわけだが、水天宮の正確な住所が人形町ではなく蠣殻町であるということを含めて、初めて知ることばかりであった。

水天宮は安産の神様としてつとに有名だが、江戸の人々は情けや恩を受けた際に感謝して「情けありまの水天宮」と言うようになったという。「恐れ入りやの鬼子母神」とともに流行語になったそうだが、いや世の中には知らないことが山ほどありますな。

知らなかったことをもう一つ。

数年前にアゴヒゲアザラシが人気となりました。北の海に住むアザラシがまったく突然多摩川に現れ、見物人が出て大騒ぎ。テレビを始めとするマスコミが煽るものだから更に騒ぎは大きくなり、いつしか名前がついてタマちゃん。しかし雨による増水があってタマちゃんは姿を消してしまう。

安否が気遣われたが、やがてブームは下火となり、人々の興味も急速に薄れる。と突然今度は鶴見川に現れたとの情報。人々はやはり気にかかっていたのだ、前にも増して大勢の見物人が押し寄せ、アイスクリーム売りも大忙し。因みにこのアイスクリーム売りのオジさん、インタビューに答えて曰く「五十円高くしても飛ぶように売れる」だって。

タマちゃん改めツルちゃんには驚いた。何とアザラシ君は改名までしていたのだ。鶴見川は汚い川として知られているが、川幅は多摩川より狭い。したがって土手の見物人からツルちゃんの姿がよく見える。愛敬たっぷりのアザラシに、子供達が声をそろえてツルちゃーん。でついには「ジュンちゃん」こと当時の小泉総理までが「ちょっと見てみたいね」との談話（?）を発表……。

ま、そんな騒ぎがあったわけだが、知らなかったというのは江戸時代にも同じような騒ぎがあったということだ。天保年間、その珍獣（実はアザラシ）は江の島に現れたという。当時の日本人はアザラシを知るはずもなくビックリ仰天。珍獣が観音様を拝む仕草を見せたなどというデマ（?）も流れ、そこへ目をつけた商人がこれを生け捕り、両国の広小路へ持ってきて見せ物にすると案の定大当たり。江戸っ子はもちろん、近郷近在からも見物人が押し寄せ、賽銭《さいせん》が雨アラレと降ったという。いやこれもまったく初めて聞く話でした。

風と桶屋

社会部の新聞記者に会った。以前から疑問があったので、質問してみた。

新聞にはよく目にする常套句《じょうとうく》というものがある。「捜査の進展が待たれる」とか「関係者は安堵の胸をなでおろしている」といったもので、中に「風が吹くと桶屋《おけや》が儲かる」がある。「この現象は風が吹くと桶屋が儲かる式で……」というような使われ方をするのだが、ここ二、三度、おやそんな時に使うのかと、違和感を覚えていたのだ。

「新聞に『風が吹くと桶屋が儲かる』という常套句がありますよね」

「はい、よく使います。私も数回使いました」

「意味は、物事があらぬ方向に飛び火して、経巡《へめぐ》り意外な結果をもたらすということですよね」

「そのように承知しております」

「なぜ風が吹くと桶屋が儲かるのですか？」

「はあ？」

私も意地悪である。私は知っているのだ。相手は三十代後半、記者として脂が乗っている盛りである。そんなことも知らないのかと落語家に迫られ、目に落ちつきがなくなった。しかしこの人は偉かった。居住まいを正し、律儀に頭を下げ、「御存知でしたら教えて下さい」と言ったのだ。

「風が吹くと、昔の道路は舗装されてませんから、埃《ほこ》りが立ちますね。この埃りが目に入り、目を患う人が増えます。人は目を患うと外出がままならなくなります。しかし人はどんな状況下にあっても娯楽を求めるものです。で屋内の娯楽に関心を向け、唄などを中心とした邦楽に親しむわけです。邦楽には三味線が欠かせませんね。その三味線の需要がグングン伸びます。三味線の皮は何で出来ているか御存知ですよね。そう、猫です。三味線の需要が増えるということは、猫の需要が増えるということです。世の中から猫が姿を消します。猫がいなくなるとどうなりますか。そう、鼠《ねずみ》が増えるんです。その増えた鼠が桶を齧《かじ》るんです。で新しい桶を売ったり、齧られた桶を修繕したりで桶屋が儲かる、というわけです」

記者は私の話を目を丸くして聞き入り、溜息《ためいき》混じりに言った。

「そういうことでしたか。それにしても落語家さんはどうしてそういうことまで御存知なのですか」と。

テレビがなかったから、小学二、三年だったと思う。ラジオに耳を傾けていると、誰だったかは忘れたが落語家が、マクラの部分でその話をしたのだった。意外な方向に転がるその話は印象に残り、子供ながらネタを仕込んだ気分になった。

「落語って勉強になるんですね」

記者はそう言い、今日はありがとうございましたと礼も言ったのだが、なぜか喫茶店のコーヒー代は割勘であった。

野放しのダジャレ

落語界には、ダジャレを先輩に仕掛けてはならないという不文律がある。しかしそこは人情、浮かんだダジャレをどうしても言いたくて抑えのきかないこともある。

雪の日に師匠が転んだのを見て、ユキダオレと言った弟子はクビになりかけたという。

歯の悪い師匠がヤキトリと格闘していた。ダジャレの浮かんだ弟子はどうしてもそれが言いたくてしょうがない。幸い師匠は上機嫌、しかしおそるおそるそれを仕掛けた。

「師匠、それはよく嚙んだ方がいいですよ」

「そうかい」

「ええ、レバカメと言いまして……」

そのあと悲惨なことになったという。

いま気がついたが、「出歯亀《デバカメ》」というのはまだ生きている言葉だろうか。

アナウンサーやキャスターにもダジャレ好きの人がいる。ほほえましく聞くこともあるが、大概ムッとする。あまりにもベタだったり、捻り過ぎたりで、多くは楽しさが伝わらないのだ。なのに当人は連発する。共演者やスタジオの客がお追従《ついしょう》笑いをするからなのだが、彼らがつまらないとかやめろと言えない立場なのをいいことに、ほとんど野放し状態なのだ。

とりわけて日テレの午後のワイドショーによく出ていたK氏がひどい。この人、皇室の番組も持っていて、その中でダジャレを飛ばしたら、その巧拙はさておき評価するのだが……。

ダジャレ好きは圧倒的にオジさんが多い。連発するオバさんにはまだ出食わしたことがなく、ひょっとすると家でやってて家族が七転八倒してたりして。

酔ってブレーキのきかなくなる人もよくいる。もうダジャレのアメアラレで迷惑この上もないが、あまりにもつまらないダジャレには武士の情で聞こえないフリをして差し上げる。だって箸を持って橋幸夫ってなことを言うんですから。ところがオジさん、聞こえないと思ったか、ハシユキオを三回も四回も言うんですね。言う方も聞く方も切ないよこれは。

テレビやラジオの番組タイトルもダジャレが多い。『高嶋ひでたけのお早よう！中年探偵団』（ニッポン放送）と『開運！　なんでも鑑定団』（テレビ東京）は同類だし、『ザ！　情報ツウ』（日本テレビ）は情報通しか考えられず、意外や、あのオカタイNHKにダジャレタイトルが多いのだ。BSに『一魚一会《いちぎよいちえ》』があり、はて『いろはに邦楽』は総合であったか教育であったか。そう、『英語でしゃべらナイト』というのもあった。

黒木瞳という芸名はダジャレだと言ったら、彼女の大ファンである友人は涙を浮かべて抗議した。池乃めだかや海野かつをと一緒にするなと。海野かつを、懐かしいなあ。

しばしマドレーヌ

駄洒落《だじゃれ》に版権とかパテントといったものはないと思われる。それはある事象に対し、ほとんど同時多発的に、お笑い志向の者たちによって発せられるからだ。

ローマに関するダジャレで、

「老婆の休日」

「老婆は一日にして成らず」

等があるが、これなどはロードショー公開と同時に、あるいは諺に接する度に多くの人が思いつき、口にするであろうことは想像に難くなく、活字化したのは私ですとか、私は公《おおや》けの席で何年も前から連発してますと主張したところで意味はないのである。

ところが落語家は作者に拘《こだ》わるから不思議なのである。例えばこの項のタイトルにした「しばしマドレーヌ」にしてもそうで、私が古今亭志《し》ん五《ご》師作と言ったら、文字助（ああ、またこの人だ）は、バカヤロー、ありゃ九蔵《くぞう》（現三遊亭好楽《こうらく》師）が言ったンだと主張し、譲らないのである。

　楽屋にマドレーヌという菓子の差し入れがあった。志ん五師がこれを一つ取り、ゴロリと寝転び、腕枕をした。「何だいそれ」と仲間のツッコミがあったところで、

「へい、しばしマドレーヌ」

　私はその場面を目撃したのだが、だからそれは九蔵なンだよと文字助は声を張り上げ、とにかく相手は兄弟子で酔っ払い、これはもうしょうがないのだ。

　文字助が橘家《たちばなや》二三蔵《ふみぞう》師と口論《けんか》した。文字助が「オレをないがしろにするのか」と言った途端に二三蔵師が、

「ないがしろ（前頭）三枚目」

と返し、二人は和解したという。この話、私は文字助から五十回は聞かされているが、当人は酔うとすべてを忘れ、毎回「このダジャレを知ってるか」と切り出し、知ってると答えりゃ機嫌を損じるのは火を見るより明らかで、ズルズルと五十回を超えてしまったのである。

文字助が談志に向かってダジャレ作者の訂正を求めた時には驚いた。それはその日の談志のネタ『権兵衛狸《ごんべえだぬき》』に関することで、

「狸が権兵衛さん家《ち》の戸をどうやって叩くかってえと、ここだな、後頭部。うしろ向きになって後頭部でトントン、後頭部（江東区）深川ってぐらいのもン……」

談志はここで、このダジャレは弟子の左談次の作だと付け加えるのだが、文字助は打ち上げの酔いにまかせ、食ってかかった。「あのダジャレは師匠、オレがこさえたンだ。オレがこさえ、左談次に教え、それを聞いた師匠が使ってるとこういうこった。だからこれから先は文字助作と必ず言ってもらいたい。とにかくあっしゃあ江東区に住んでンだから」

江東区に住んでンだからとはものスゴい理屈だが、談志はわかったわかった、次からそうすると答え、まるで厄介払いをするように「頼むから帰ってくれ」と言ったのだった。

ダジャレの効用を書くつもりが、結局は文字助の話になってしまった。仕方がない、この項を文字助話その四とする。

ヨイショは才能

青島幸男さんはクレージーキャッツの唄に数多《あまた》の詞を提供しているが、その一つ『ゴマスリ行進曲』の中に、「身振いするよな上手いこと言おう」という見事な一節がある。さて我々は、対象やその周囲が身振いするほどの上手いことが果たして言えるのだろうか。

談志の受け売りを三つ四つ。

談志がまだ池袋演芸場に出演してた頃、ある晩、後輩数人を「うな鐵《てつ》」へ連れてった。うな鐵は我らもよく行く店で、鰻の本体（?）を食う客はまず見かけず、つまりヒレ、頭《カブト》、胆《キモ》などを肴に一杯飲《や》る店である。

翌日、「師匠、ゆうべはありがとうございました」「御馳走になりましてどうも」等の礼が聞かれたが、中の一人、古今亭志ん駒師だけが、

「ゆうべは鰻屋で御馳走になり、ありがとうございました」

と言ったという。キーワードは「鰻屋」、さァ談志の喜ぶまいことか。林家こん平師は『笑点』でお馴染《なじ》みだったが、前座の頃からやはり目立っていたという。柱時計の下に立っていたというのだ。演者は出番のことやら何やら時間が気になり、柱時計を見る。とその下にはこん平師。顔を覚えられ、用を頼まれ、それをテキパキこなすとなれば当然覚え目出たく……。

そんな頃、大勢で炎天下を歩いていて、談志がアイスクリームをふるまった。味の感想や礼を言う者の中で、こん平師はこう言ったという。

「兄さん、甦《よみがえ》りました」と。

いや、見事なひと言であります。

談志が参議院議員であった頃（はい、そういう時代もあったのです）、靴を履いたまま新宿末広の楽屋に上がり込んだ。そう、ズカズカと。くすぶっている古参連中が苦い顔をする中、桂小益兄《こますあに》ィ（現桂文楽《ぶんらく》師）だけが、「先生、そのままそのまま。先生ともあろうお方が楽屋で靴を脱いじゃいけません」ときた。私もその場に居合わせたが、一同大ウケであった。

現川柳(かわやなぎせんりゅう)川柳師が三遊亭さん生と言った二つ目時代、談志に「兄さん、御馳走してよ。兄さん、御馳走してよ」と言ってまとわりついたという。「いま持ち合わせがねえからダメだ」と断わられたさん生兄ィ、「じゃ貸すから御馳走してよ」だって。ウケます、この話。

林家木久蔵《きくぞう》師（現・木久扇《きくおう》師）は若い頃、談志に「銭湯《ゆ》行くからタオル貸してくれ」と言われ、タオルだけでなく小さな石鹸《せっけん》とT字形の安全カミソリを添えて差し出したという。――これらの話を聞いた時、おめえらも少しは見習えと小言を食らったっけ。「栴檀《せんだん》は双葉《ふたば》よりかんばし」とは正にこのことでしょう、売れる人、世に出ていく人はやはり若い頃から違うのですね。

こういうエピソードに接すると、私などはまだまだと思いますが、しかし私は読者に恵まれてます。本書に関しても立ち読みは皆無で、すべて買って下さり、しかも読者の知的レベルが極めて高いという……。ヨイショ、スゴイ！

酪農牛乳

写真館で写真を撮ってもらうことなど滅多になかったが、当時の写真館主は子供などをあやす際、「はいちょっとお利口にしてて下さいねえ、今ここからハトが出ますよゥ」などと言った。今でもこの常套句は使われてるのだろうか。

やがてカメラが普及し、あちこちでスナップ写真や集合写真が撮られるようになった。シチュエーションも誰であったかも忘れたが、「はいカラスが出ますよ」と言った人がいて、大笑いになったことを妙にハッキリ覚えている。

撮影時のフレーズが、「はいチーズ」に統一されたのはいつ頃のことであろうか。あちこちで「はいチーズ」の連発でありました。もちろんチーズという発音が笑顔に見えるからという理由があるわけだが、そんな時、映画「男はつらいよ」を観てウケた。渥美清演ずるところの寅さんが集合写真の被写体だったと記憶している。もっと右寄って、そこしゃがんで、などがあって寅さんは言うのだ、「バター」と。

こりゃウケた。映画館全体も大ウケでしたよ。「カラスが出ますよ」もいいが、「バター」ってなバカバカしくていい。私はこのギャグが気に入り、あちこちで披露するに及んだ。みな笑ってくれ、いい写真も撮れ、大いに気をよくしたのだが、やがて飽きた。何か次なるギャグはないかなと考えたのである。

閃《ひらめ》いた。そうだ「酪農牛乳」だと。早速実践した。「いきますよう、ハイ、酪農牛乳ゥ」と。ところがウケなかったのである。何だそれ、意味わかンねえなどと言われ、集合がバラけてしまったのだ。

反省した。敗因はただ一つ、飛躍があったのだ。「ハトとカラス」「チーズとバター」はセットのように連想を呼ぶが、「チーズと酪農牛乳」では人々の想像力が及ばないのだ。で討死《うちじに》というわけです。

これは最近の話。テレビにヤッシーこと田中康夫氏が映っていた。失職し、元知事となり、選挙の事前運動中のひとコマであった。

例によって集会を開き、ヤッシー頑張ってと盛んに声が飛んで人気者、やがて記念撮影となった。大勢がヤッシーの隣りへ座りたがる。落ちついて、順番に、時間はあるからとヤッシー、余裕しゃくしゃくである。

ヤッシーを中心に人垣ができ、カメラの準備も整った。ここで撮影者が言ったのである、「一足《いちた》す一は?」と。被写体は「二《に》ィー」と声を揃え、シャッターは切られたわけだが、人垣がほどけ次の人垣ができる間にヤッシーがボソッと呟いた。「へぇー、今は一足す一は二って言うのか、知らなかったなァ」と。

この呟きに今度は私が驚いた。ヤッシーは平成十四年における集合写真時の最大公約数的常套句を御存知なかったのだ。滔々《とうとう》と理念を述べる一方、見事にある部分が欠落している。そこがまた魅力の一つだ。

山よりも隆司

ヤッシーが「脱デブ宣言」をしたそうな。これは上手い。かつて仕込んだ「脱ダム宣言」が見事に生きている。山田君、座布団三枚。

ダジャレは見事だが、ヤッシーの日本語は少し変だ。評判の悪さに懲りたか、さすがにパブリックサーバントなどという片仮名は控え気味だが、日本語の使い方がまるで政治家みたいなのだ。

「何故《なにゆえ》議長が御制止なすったのか」

「よく御議論をしていただき、御議決いただくという」

「こちらからお示しし、御判断いただき」

よくいただく上に、何でも「御」もしくは「お」をつけるのである。

中谷《なかたに》防衛庁長官（当時）も似たようなことを言った。「国会にお諮《はか》りをして」と。

実は諮るではなく謀《はか》るだったりして……。

だいたい政治家の言うことは大袈裟である。自分を大きく見せよう、重みを出そうとして、結局は言葉の空疎さに軽んじられるわけだが、そこには気がつかないようだ。法律用語にがんじがらめの裁判官と違うのだから、もっと自分の言葉を持つべきだと思うのだが。

「毅然たる態度をもって……」(相手が強く出たら、すぐ頭を下げるの意)
「粛々《しゆくしゆく》と進めて……」(はい、のんびりやっております)
「誠に遺憾に思う次第で……」(大して怒ってないからね)
「前向きに善処いたします……」(もう色々やることあるんだからさ、変な話持ち込まないでよ。ダメダメ、暇がない)
「不退転の決意で臨み……」(ダメだったらすぐ引き上げます)

ユーモアとウイットに富んだ粋な政治家はいないもんかと思ったら、一人いた。衆議院議員の深谷隆司《ふかやたかし》さんである。深谷さんの選挙区に中央区があり、築地、つまり河岸《かし》に出入りしている文字助(あちゃ、また文字助だ)と縁あって知り合いになった。
男気のある文字助、選挙の応援に出かけた。

大勢の有権者を前に、文字助はナゾカケを披露した。

「候補者深谷隆司とかけまして、父母の恩と解《と》きます。その心は、母の恩は海よりも深谷、父の恩は山よりも隆司」

ヤンヤとウケて、気をよくした深谷さん、文字助に御祝儀をくれたという。以降深谷さんは落語に凝り、文字助の会の前座を何回も務めるようになった。私も一度聴いたが、ケッコウな出来だった。政治家はこうでなくちゃいけない。もっともその後一度落選した。落語に凝ったので選挙に敗けたという説もあるが……。

白人の政治家が演説をぶった。

「私は差別をする人間と黒人が大っ嫌いだ」

バラを摘みに行く

「トイレット」を詰めた言い方「トイレ」がやはりポピュラーであろうか。男でも「おトイレ」と言う人がいることには驚くが、誰にも通じるとなるとトイレだろう。「レストルーム」と気取った言い方をする人もいる。しかし「ラバトリー」までいくと高齢者には通じないだろう。

学校や公共施設などには「便所」としてあって、目的がハッキリ書いてあるのでいっそ気持ちがいい。

「御手洗」あるいは「洗面所」という言い方や表記もある。知り合いに御手洗と書いてミタライと読む方がいるが、そのミタライさんによると、同じ字でミテアライと読む人がいるそうな。そしてミタライさんの知る限り、それをオテアライと読む人はいないんだそうな。

どちらへ？　ちょっとお化粧を直しに。そんな意味で「化粧室」と称することもある。女性は案外この言い方を好むのではなかろうか。そこへ入る目的はあくまで化粧を直すためであって、そのついでに用を足すのだという言い訳が成立するからだ。

山男は山で用を足すことを、「キジを撃つ」と言うとか。味のある言い方だ。イギリスの貴婦人は「バラを摘みに行く」と言うらしいが、中世の映画などを観ても一向にその言い回しは聞かないのは不思議なことだ。

我が国の古い言い方では「手洗場《ちょうずば》」があり、「雪隠《せっちん》」「厠《かわや》」「後架《こうか》」なども乙な呼び方だ。そう言えば「雪隠詰め」などという言葉もありましたっけ。「外後架《そとごうか》」とくれば長屋などにある共同便所というわけです。

花柳界では「お下《しも》」、さすがダイレクトには言いませんな。風情があります。「閑所場《かんしょば》」という言い方もあるそうです。静かなところという意味らしいのですが、文字では閑《ひま》な所と書きます。なのに忙しく用を足したりするわけです。

故由利徹《ゆりとおる》さんと対談した折、由利さんが中座した。どちらへと問うと由利さん、

「ちょっとベンショーバラしてくらあ」と言いましたっけ。小便をひっくり返してベンショー、バラすという表現が言い得て妙で、喜劇人はそんな符丁《ふちょう》を使うわけです。

落語家は「はばかり」を詰めて、「はばへ行く」などと言います。大の場合は「セコ場《ば》」と呼び名が変わり、「セコをふかしてくらあ」と表現も変わります。そうです、セコいものをふかすのです。因みにおなら、つまり屁ですが、これは「空《から》セコ」と言います。これもやっぱりふかします。

マイウー

符丁を使う世界が好きだ。落語界にも様々あり、中にはそれを使うことのみに腐心し、肝心な落語を忘れてる輩《やから》もいるほどで、「師匠、トンヤリ（短め）でお願いします」、あるいは「メンダイ（長め）で」などと高座時間の長短を頼めるのは、前座の喜びであろう。「ナワをたぐるか」と言えば蕎麦を食うかであり、「ヤスケをつまむ」は寿司を食うの意、生々しかったり、外部に聞かれては具合が悪いからこその符丁だが、小学生がホットドッグを頬張り、「マイウー」と言ったのには驚いた。これは芸能界独特の「うまい」の逆さ言葉で、マイウーはテレビのちょっとした流行語であるらしい。

だから中高生が「ごめん、時間ねえンだ」「何だ、ケツカッチンなのかよ」という会話を交わすのはごく自然なことで、「ヒーコーミーノしながら待ってたら、ケータイが鳴ってドタキャン食らったよ」なども、ほぼ日常会話となっているのだ。

ケツカッチンはあとが詰まってるで、ヒーコーミーノはコーヒーを飲む、ドタキャンは土壇場キャンセルというわけだが、彼らは芸能人や業界人の気分を味わっているのだろう。

キャンセルと言えば、落語界にこんな話が伝わっている。落語界の大幹部であった某師匠、若き日には雑多な仕事をしたという。何月何日、上野キャバレー、スケジュール入れといて下さいと芸能社からの電話。こりゃ儲かるってんで、ニンマリの師匠。当日、仕度をしているところへ芸能社から「師匠、あのキャバレー、キャンセルです」との電話。ガッカリするかと思ったらさにあらず、この師匠、出かけたね。で、一晩中、上野の「キャンセル」という名のキャバレーを探し歩いたという……。

この御当人、芸術協会会長であった桂文治師として私は聞いているのだが、そしてその風貌や言動からしていかにもとも思うのだが、真偽のほどはどうだろう。文治師匠、間違ってたらごめんなさい。

デパートを冷やかしていたら、店員同士が「どこ行くの」「ちょっと遠方《えんぽう》」という会話を交わしたので、おやと思った。頼み込んで話を聞かせてもらったところ、遠方はトイレの意であるという。では食事はと問うと「ノジ」とのことであったが、その由来、どう書くか、他のデパートではどう言ってるかはわからないという。

その時、呼び出しの店内放送があった。「○×区の△□様、いらっしゃいましたら……」というやつであるが、店員がちょっと身構えた。え、何？　と訊いても答えない。わかった万引だ、○×区の△□に特別な意味があるンでしょうと追及したら、御想像にお任せしますときた。トイレや食事のことならいいが、これを教えると符丁ではなくなるという表情であった。

符丁その二。

世間に知られてしまっては符丁の意味がなくなる、との理由で、なかなか各業界はそれを語りたがらない。しかしそこはそれ、ヨイショである。

まずは書店。某店では店員同士が番号を言い交わすという。

最初に教えてくれたのが「7番」で、この番号が囁き交わされると身が引き締まるという。わかった、万引だと言ったら、「いいえ、社長の見回りです」との答え。

この書店、客より社長の方が恐いのだ。とにかくワンマンで朝令暮改の人、指令が飛ぶ度に店員は右往左往するらしいのだ。

で万引は「10番」であるという。

偽造カードが使用されたとなると桁が大きく「100番」となり、これはもう臨戦態勢、警察への通報などが必要となり、その役割を担う人が然《しか》るべく動くとか。

トイレは「44番」と聞いた。意味はと問うと「シーシーだから」ってくだらねえ。

「でも近頃は44番と言わずに、リトルジョーって言う方が多いかな」

「リトルジョー？」

「ええ、小さなジョー、つまり小さなジョーという音で、小便という……」

この辺で相当呆れましたが、念のために訊きました。「大の方はまさか」

「ええ、ビッグベンです」

ってダメだこりゃ。


カメラやケータイ、あるいはパソコンなどを売る量販店、こういう店も概ね番号ですね。1番がトイレで2番が食事、そして3番が休憩といった具合に。

不景気はさておいて、この種の店（もちろん書店を含む）の悩みは何と言っても万引であるという。それは時に閉店や廃業に追い込まれることもあるほどで、各店とも対策に頭を痛めている。勢い万引を意味する言葉は多くなるわけだが、某店には感心した。その店では店員同士がこんなことを言うのだ。「メーカーさんが来てるわよ」と。これはいい。他のお客に聞かれても自然で、いたずらに緊張させることもないのである。

他に万引はこんな風に呼ばれるという。オマル、ダイマル、ブラック、フクロウ、太郎、花子等々……。


某デパートでは、万引を店内に流れるBGMで知らせるという。たいがいはまあ、聞こえるか聞こえないかの音量で穏やかな曲が流れているのだが、万引発生、あるいは常習者来店となると、ある特定の曲がヴォリュームを上げて流れるというのだ。

その曲名は『剣《つるぎ》の舞《まい》』、皆様御存知の大変勇ましい曲である。これを聞いた店員は即臨戦態勢、いや戦闘状態になるというのだが、この話、真偽のほどはわからない。各デパートともに否定するのだ。もしそうであったら面白いという願望なのでしょう、きっと。

上がり一丁

符丁その三。

全盛の回転寿司はさておいて、符丁がかなりの頻度で飛び交うのが、いわゆる寿司屋ではないだろうか。

ガリ、アガリ、オアイソ等は客の方が頻繁に使い、今や符丁ではなくなっているが、昔は客が使うとたしなめられたものだ。私は入門時、楽屋の古老に諭された。

「粋がっちゃいけないよ。符丁は店側が使うもので、客は普通に、生姜《しようが》を下さい、お茶を下さい、勘定して下さいと言えばいいンだよ。客が符丁を使うのはキミ、お里《さと》が知れるというもンだ」

トロという呼称も一般化しているが、これもかつては符丁だったのではなかろうか。現に私は、先代桂文楽がそれを前にして「おやアブかい？ たまにはアブもようがすな」と言ったのを覚えているのだ。アブ、つまり脂《あぶら》のアブですな。アブという言い回し、さすがは黒門町《ぶんらく》と、感心したものでした。

カウンターの隣りにひと組の男女がいた。ともに若く、女性には初々《ういうい》しさがあったが、問題は男の方で、彼女にいいところを見せようと意気込み、符丁と能書きの連発ときた。

「鮪の赤身はヅケ（醤油漬け）に限る」とか「どうしてニキリ（煮切り醤油）を塗らないの」とか「穴子のツメ（煮詰め）は一貫だけにして」とか、どこで覚えたかうるさいほどの蘊蓄《うんちく》をたれるのだ。

喋るだけ喋り、満足の体で帰る段になった。合間合間にガリだアガリだと言ってたから、きっと「オアイソ」と言うぞと楽しみに待ってたら、「マスター、チェックして」だって。私と店主はズッコケましたね。

その寿司屋でシャリ切りを見たことがある。酢合《すあ》わせとも言うらしいのだが、いわゆる酢飯《すめし》を作るところを見たわけです。

一升炊《いっしょうだき》の釜が大きな桶にあけられる。え、そんなにもというぐらいの量の酢をジヤバジャバとかけ回し、猛烈な勢いでシャリ切りが始まる。シャリ切りとは言い得て妙、杓文字《しゃもじ》を水平にし、本当に切るように混ぜてゆくのだ。もうもうと上がる湯気、むせるのではないかと心配になるが、隣りの職人はボンヤリとその手元を見ている。つい口を出した。「ねえ、あおがなくていいの?」と。

店主が大きな声で言った。

「熱いうちが勝負なんです。冷ましたらシャリに酢が回らなくなって、ひどいものが出来上がるンです。あおぐのはあとあと」

知らなかった。私は家で手巻やチラシを作る時、家族に団扇《うちわ》であおがせながら酢飯を作っていたのだ。

なるほど、十分に酢が回ったところで若い職人があおぎ始めた。

「あとは人肌まで自然に冷まして握るだけ」店主はそう言うと、手をポンポンと打った。何それと訊くと、「酢合わせなら手を叩こう」だって。

ヒトフタマルマル

午後三時、出版社に電話をかけた。あいにく当の編集者は不在で、代わりに受話器を取った人がこう言った。「Aはジュウナナジの帰社になります」と。

チクンと違和感を覚えた。文芸を売りにする出版社がジュウナナジなのである。十一時《じゅういち》と十七時《じゅうしち》は音が似ている。間違いを避けるための配慮としてジュウナナジとなったのだろうが、私が電話をかけたのは午後三時であって、十七時と言わずとも、「五時に戻ります」でいいのではないかと思ったのである。まさか午前五時に戻るはずもないのだから。

忠臣蔵が読めないのは我慢するにしても、四十七士をヨンジュウナナシとはなあ。テレビにおける女子高校生へのクイズ、その答えであります。「男女七歳にして席を同じうせず」

これたいがいの人がナナサイと言いますね。

四十男はやっぱりヨンジュウオトコですか。すると齢七十は必然的にヨワイナナジュウでしょうな、残念ながら。

九六大関という言い方がある。二桁《ふたけた》勝てない弱い大関との意味ですが、キュウロク大関と言う人が大勢いますね。九勝六敗という表記ならキュウと読んで構わないのですが。

シジュウシチシ。男女シチサイにして。シジュウ男。齢シチジュウ。クンロク大関。私はやはりどうあってもそう読みたいのですね。落語からそう学んで、それが骨の髄まで染み込んでいるのですから。

掛け算九九をカケザンキュウキュウと言う人はまさかいないでしょうね。

質屋質屋と連発したのでは世間体が悪い。そこで昔の人は七屋という字を当て、ナナツヤと読ませました。羞恥心が文化を生んだわけですね。

放送局にはとんでもない時間があります。「二十二時入りの二十六時終了」などという時間があるのです。夜十時にスタジオ入りし、リハーサルがあって本番、すべて終了するのが午前二時という意味ですが、さすがにこの時間になると勝手に帰れなどと言わず、タクシーが出たりします。

ともに前座修業をした桂《かつら》才賀《さいが》は海上自衛隊出身、キビキビしていて私とは動きがまったく違いました。自衛隊は誰が何と言っても軍隊ですから、時間の間違いなどは絶対にあってはならないわけです。

「明日の待ち合わせだけど、昼の十二時に上野駅でどうだい」私がそう言うと才賀、

「上野駅、ヒトフタマルマル、了解」

とくるのです。

悩み、ある？


効果を上げるはずのひと言が、言葉遣いをほんの少し間違えただけで修復不可能になることはよくある。電車の中の男子高校生の会話である。

「オレの彼女ブスでさ、それをスッゲエ気にしてんだよ。オレが好きなんだからいいじゃんかっつってもダメでさ、近頃は整形がどうのこうのっつってンだよ」

「整形ってヤバくない？　ピアスとかと違うだろ」

「だからオレは反対しようと思って慰めたンだよ、おまえは人間の顔じゃないって」

「何それ」

「おまえね、人間は顔じゃないよと言おうとして間違えたンだ」

「ギャハー、面白え。マジ？」

「いや、ゆんべのテレビのギャグ」

どうです、近頃の高校生はなかなかやるでしょう。テレビのギャグを自らに置き換え、友達に発表するのですから。それにしても「人間の顔じゃない」と「人間は顔じゃない」はわずかな違いですな。

こういう間違いは気の緩みからくることが多く、あのヨイショの達人古今亭志ん駒師にしても失敗例はある。

志ん朝夫妻とのゴルフも回を重ねるにつれ、緊張感がなくなってきたらしい。いくらか握ってたこともあろうがその日の志ん駒師は自分のことで手一杯、ロクに志ん朝師のことを見てなかった。

ドライバーかスプーンかで迷っていた時、ティーグラウンドの志ん朝師の方から「プシー」といういい音が聞こえた。条件反射で「ナイスショット」と言い、それから志ん朝師を見たら、缶ビールのフタを開けたところだったという。志ん朝夫妻は「志ん駒は誠意がない」と呆れ返り、志ん駒師のその後のスコアはボロボロだったとか。

志ん駒師が草野球チーム「ヨイショーズ」を率い、我ら若手に盛んに振る舞っていた頃のことだ。ヤキトリ屋で飲んでいたのだが、志ん駒師がそわそわして落ちつかない。理由を訊くと「あした杉良太郎《すぎさま》と一杯飲むんだけど、いつも『すきま風』ばかり唄ってて、ちょっと飽きられてンだ。で今、『悩み』をケイコしててさ、明日の晩、それでヨイショしようと思ってるンだ」

さすがはヨイショの人、心懸けが違う、これから『悩み』という曲のおさらいがしたいんですねと、我らは行きつけのカラオケスナックに河岸を変えた。

人間一つことしか考えないというのは怖ろしいもので、志ん駒師ドアを開けていきなり「マスター、悩みある?」

マスター答えて曰く、

「別にありません」

いやみんなコケたコケた。そしていっせいに突っ込んだ。

「ダメだよ、杉良太郎の『悩み』って言わなきゃ」

「あるから相談に乗ってくれって言われたらどうすンのさ」

亭主達者で留守がよい

ある年の初夏に、お中元商戦を睨《にら》んだ某デパートのこんな新聞広告が載った。

「うまいことを言う人より、うまいものをくれる人を信じなさい」

いいコピーだと大いに感心した。不景気で消費は冷えている。お世話になった人、久しくお目にかかってない人に、そうはカネを遣えない。しかし何か気の利いたものは送りたい。このコピーはそんな消費者の心理をたくみについている。高級グルメではなく、ではちょっとした旨いものをあの人へ、という線である。


優秀なコピーライターは一行数百万だと聞かされたことがあった。いやひと桁上だよとも言われ、その真偽のほどはともかく、ひたすら羨《うらや》ましく思った時期があった。そしてすぐに考え直した。そりゃそのくらいは取るだろう。クライアントが採用決定の断を下すまで、一体どのくらいの言葉が消えたことか。わずかな行数でクライアントの要求を満足させ、時代を映しつつ、その人ならではの自己主張をする。つまり、あ、これはあの人のコピーだと思わせるまで、膨大な言葉が消費されたはずなのだ。そんな思いに至ったとき羨望は消え、広告コピーを見る目が変わったのだ。候補に上《のぼ》りながら消えてったコピーはどんなものなのか。それ以前にボツとなったものにはどういうコピーがあるのかという風に。

「トリスを飲んでHawaiiへ行こう!」

単純明快、過不足のない見事なコピーである。サントリーの前身・寿屋時代の山口瞳のコピーであるという。昭和三十年代の半ばであろうか、あるいは後期にかかっていたか、日本人のハワイへの憧れがよく出ている。日本酒や焼酎の時代からウィスキーへという流れも。昭和五十年代半ば、私はこのコピーを見直し、トリスのハイボールをよく飲んだ。粋がっていたのだ。角瓶やオールドを飲めるようにはなっていたのだから。

「食う　寝る　遊ぶ」

というコピーもあった。これは落語『寿限無《じゅげむ》』のパクリだと言ったら周囲が驚いた。「寿限無寿限無五劫《ごこう》の擦《す》り切《き》れ、海砂利《かいじゃり》水魚《すいぎょ》の水行末《すいぎょうまつ》雲行末《うんぎょうまつ》風来末《ふうらいまつ》、食う寝るところに住むところ……」の「食う寝る」を元にしたコピーなのだというのが私見なのだが、誰も納得しなかった。しかし私は確信している。作者がどなたかは存じませんが、私と会ったら一杯奢って下さい。それで貝になります。

「亭主元気で留守がよい」

これは元の「亭主達者で留守がよい」の方がよいのではと、今も思っている。気がさして変えたのだろうが、達者という言葉の持つニュアンスの豊かさは元気の比ではないと、私は強く思うのだ。

鎖骨の骨を骨折し

味のリポーターが、料理を前に「いただかせていただきます」と言ったのには驚いた。

上品ぶり、丁寧に言おうとしてわけのわからない日本語になってしまったわけだが、重複という罠にはつい引っかかり勝ちですな。症状が残るのを後遺症というわけだが、つい「後遺症が残る」と言ってしまうのですね。「後《あと》で後悔する」なども同様でしょうか。その典型がお馴染みの「馬から落ちて落馬して」ですが、いやよくぞここまで重なったという例を紹介しましょう。

現在の相撲人気はいまひとつ、しかしかつてはずいぶんと盛り上がり、その頃のことです。私は自宅で漫然と中継を見ておりました。中入り後ではあるものの、まだ三役や横綱の取組には間のある時間帯、いわゆるダレ場《ば》というやつであります。

「正面のゲスト、元鶴《つる》ヶ嶺《みね》の井筒《いづつ》さん」

まずはアナウンサーが呼びかけた。そう、確かその日は杉山アナであった。カメラが切り替わり、「はいはいー」という甲高い声とともに井筒親方が映った。髷《まげ》を結っていた現役の頃には気がつかなかったが、引退後の今はずいぶんハゲ上がり、結果、トンガリ頭であることがわかった。

いかなる経緯でそういう展開になったのかは忘れたが、話は力士のケガについてであった。「ケガでは親方の部屋もご苦労が多いでしょう」との問いに井筒さん、「ええ、息子だけでも三人いるので大変です」と答えた。鶴嶺山《かくれいざん》、逆鉾《さかほこ》、寺尾《てらお》の三力士である。そして続けた。

「こないだも○○（ここは聞き逃した）が鎖骨の骨を骨折いたしました」

おや、馬から落ちて落馬してと同じだぞと、私は起き上がった。力士名が聞き取れなかったのは、興味がこちらへ移ったせいかもしれない。杉山アナも明らかに戸惑っていた。で仕方なく「それは大変でしたねえ」と言った。ま、いわゆる相槌とか追従の言葉ですな。ところがここで元鶴ヶ嶺の井筒さん、ものすごいひと言を放ったのである。

「ええ、治すのに骨が折れました」

見事だった。鎖骨の骨を骨折して治すのに骨が折れたのだ。正に連鎖である。
それが実直で生真面目な印象の、眉の太いトンガリ頭の井筒さんの口から出たというのが無闇とおかしく、また言った当人が何も気づいてないこともそれに拍車をかけ、私は畳の上をしばし転げ回ったのである。

昭和天皇に声をかけられた柔道の山下選手も私を喜ばせた。骨折しながら金メダルを獲った後の園遊会で「どう、骨は折れる?」との質問があったからだ。骨が折れるは骨折ではなく、苦労が多いンだろうねの意味とわかったから身を乗り出したのだが、案の定、山下選手は「ええ、お陰様でもうだいぶよくなりました」と答えたのだ。アチャーと思ったが、さすがは昭和天皇、「あっそう」のひと言ですませた。

僕はいつでもいいよう

悲惨の極みの殺人事件を伝えたワイドショーのエンディング、キャスターが「明日もこの事件の続報をお届けします。どうぞお楽しみに」

どうぞお楽しみに？　まあ、私は楽しみにしてますけど……。

大リーグ中継のアナウンサー、「今日は球団のオーナーが来ているはずです。あ、映りました。スタンドの一番前の最前列の方がそうです」

この人も残像が残り、馬から落ちて落馬したのですね。

探し物をしていてテレビに背を向けた。目当ての物がなかなか見つからず、テレビへの注意が散漫になった。ふと気がつくと女性の声が、「黒海を……」「黒海は……」と言っている。黒海か、近くまで行ったことあるな。そうだ、トルコだ。イスタンブールへ行って、はてあの海峡なんと言ったかな。そう、ボスポラス海峡だ。その北に広がるとんでもなくでかい湖を黒海と言うンだ。確かキャビアが穫れるンじゃなかったかな。待てよ、あれはカスピ海か。いや黒海だ……。

そんな連想をしつつ振り返ったら、テレビには土井たか子さんが映っていた。何と黒海は国会のことであったのだ。いや土井さん、ものすごい発音しはるわ。

東京のスタジオが海外の記者や特派員を呼び出したりすると、なかなか面白い。主人公の女性を仮にMさんとする。まずは東京からの呼びかけだ。「ニューヨークのMさーん」

ポンとニューヨークのMさんが映る。映ったのはいいが、Mさんは一人ではなく、うしろにもう一人いて、Mさんの髪を整えている。見ると髪の毛には三つほどカーラーが巻いてあり、Mさんは左手に手鏡を持ち、右手のパフで頰を軽く叩いている。大あわてなのは東京で、「Mさん、Mさーん、こちら東京ですが、聞こえますかァ」愚問である。聞こえてないからこその作業なのだ。東京は必死につくろう。「失礼しました。音声がつながってないようです」

なぜ「Mさんの化粧風景をお届けしました」と言えないのだろう。

呼びかけたら、すでにニュースを読んでる男性記者が映った。いくら呼びかけても答えず読み続け、本番前のおさらいをしているのだとわかった。で読み終わり、周辺に誰かいるのでしょう、言ったもんです。「OK、僕はいつでもいいよう」終わってるって。この場合もなぜ「リハーサル風景でした」と言えなかったのだろう。

温泉調査

シドニー五輪の時、NHK・BSの男性アナウンサーが、「なおアンゼルチンの選手ですが……」と言った。一度だけで、訂正がなかったところをみると、いつもトチりを期待している私の幻聴なのかもしれない。

日テレの午後のワイドショーでナレーターが、某有名脇役が亡くなった際、「貴重なバイブレーヤーを亡くしました」と言った。これは確かだ。彼は三回繰り返したのだから。脇役をバイブレーヤーとすると、シビれっぱなしで亡くなったことになる。

深夜帯ニュースのキャスターを務めたことのある某女優、やはり深夜の生討論番組に出て、会話に割り込んだ。「カラトツですが」と言って。

カラトツ？

そうか「唐突」かと理解したが、以後この人がテレビに出ると、「いよ、カラトツ姉さん」と声援を送っている。

送っているうちはよかったが、このカラトツ姉さんとNHKに一緒に出た時は弱った。生放送でゲストは私とこの人、アナウンサーを交じえてのトークが何回かあったのだが、私はその都度、本来の名前ではなく、「カラトツ姉さん」と呼びかけようとし、からくも踏みとどまったのであった。

某野球解説者は「イ、、チ、、ニチの長《ちょう》」を連発し、しかも毎試合それを言う。正しくは「一日《いちじつ》の長」だと思うが、誰か周辺の人で指摘する人はいないのだろうか。ま、直ってしまうとそれも淋しいので「イチニチ長さん」と命名して楽しんでるわけだ。で、この人とご一緒する機会はまだない。

女形の某歌舞伎役者はインタビュアーに「あなたの質問のイ、ズするところがわからない」と言った。わからないのはテレビを見ているこっちだが、じきに「意図」の文字が浮かび、この役者に親近感を持った。つけた渾名《あだな》は坂東意図守《ばんどういずのかみ》だが、幸いにしてこの方との共演の機会もまだない。

タレント（役者か？）の石田純一氏は「不倫は文化だ」と言った。森本レオ氏はそれを指摘され、「彼女とは異文化交流です」と言った。これにはウケた。実にシャレている。まずは石田氏の「文化」を受けて言っていることで、更にこのひと言はNOVAのコマーシャル「異文化コミュニケーション」にも掛かっているのだ。さすがは森本氏、落語好きは伊達《だて》じゃない。比べて石田氏の深みのないこと、要落語勉強と言っておこう。

柄本明氏の言い訳は人を食っていた。渋谷のラブホテル街における某女との一件を追及され、「温泉の調査です」とあのとぼけた表情と口調で言ったのだ。たまたま温泉場を舞台とした芝居のケイコ中とかで、芸能リポーターはそれを信じたようだが、このひと言には見事なシャレが隠されている。ラブホ、つまりラブホテルは以前、連れ込み旅館と言っていた。更にその前はさかさクラゲ、すなわち温泉マークと言い、「温泉の調査です」は正しい表現なのである。

まけたのでまけなかった

「前回はまけたのでまけなかったけど、今回はまけなかったのでまけました」

一瞬何のことかと思いテレビに集中したら、ボクシングの佐藤修選手が世界タイトルを奪取して、腰のチャンピオンベルトについて語っているところだった。つまり彼はこう言っていたのだ。「前回負けたので巻けなかったが、今回は負けなかったので巻けました」と。しかし日本語って面白いですなあ。

堀江謙一さん六十三歳（当時）が、四十年ぶりにヨット単独太平洋横断をやってのけた。その成功記者会見で、「次は三十七年後」と言い、ニヤリと笑った。何と粋な人だろう、百歳でやると言ったのだ。

元巨人軍の中畑清氏は「結果を出す」という言葉が大好きだ。試合中「結果を出しましたね」「ここは結果を出さなきゃいけませんよ」などと連発である。結果は出すものではなく、出たものが結果だと思うのだが。


「ゼネコンて何の略だっけ？」

「ゼネラル・コントラクターだよ」

するともう一人が、

「バカ、建築土木なんだからゼネラル・コンクリートに決まってるじゃねえか」

傍《はた》で聞いていてて、思わず上手いと声が出ました。居酒屋の中年男三人、なかなかいいトリオでありました。


「あの子ってジコチューだと思わない？」

「思う、ジコマンのところもあるしね」

「おまけにタイドエルだったりして」

電車内の女子高校生三人の会話である。そこにいない子の悪口なのは明らかであるが、想像するにジコチューは自己中心的、ジコマンは自己満足、タイドエルは態度L、

Lはラージで態度がデカい……。おそらく当たっているでしょうが、いや近頃はついてゆくのが大変です。

そんな話の噛み合わない若い女の子に、会話の初歩として早口言葉を教えました。「扇《おうぎ》に卵《たまご》」、これを何回もできるだけ早く連呼せよと命じたのです。これどうなるかというと、若い女の子が決して口にしてはならない言葉になるのです。これってやっぱりセクハラになるのでしょうか。

飲む、打つ、買う。これを俗に男の三道楽《さんどうらく》と言います。落語では「三道楽煩悩《さんどらぼんのう》」と言い方が少し変わり、飲むは酒、打つは博打、買うは吉原を指すわけですが、道楽はだいたい若い時分に限るもの。しかし現代においては歳をとっても飲む、打つ、買うは続くそうですな。つまり薬を飲み、鍼《はり》を打ち、年金で宝クジを買うという……。

湯呑茶碗

トイレから戻ると話題が変わっていて、キャンプの思い出話か、一人が「湖に小さな小舟を浮かべてさ」と言ったところだった。

「小さな小舟ということは、そこには大きな小舟もあったのかい」

私がそう言ったため、座に笑いが起きて、そういうことってあるよな、と話題はよく冒す間違いに及んだ。雑誌編集者二人、落語ファン一人、それに私の四人、寿司屋の小上がりにおいてであった。

「『お湯をわかす』ってのどうだろうね。よく使っちゃうけど」

「お茶やコーヒーのためのお湯かい。それとも風呂の?」

「どっちでもいいけど、水をわかして湯にしてくれなんて面倒臭い言い方はしないだろう。ただ、湯だったらもうわかす必要はないんだよね」

「『風呂をわかす』ってのも妙な言い方だよね。風呂桶の中の水をとか、浴槽の中の水をわかすって言わなきゃいけないんだけど、風呂をわかすって言っちゃうもんな。そうか、風呂をたてるって言い方ならいいわけか」

「『採算がとれる』って、ちょっと妙だと思わない？　採算の採はそもそも『とれる』って意味だろ。『採算割れ』という言葉には何も感じないんだけど」

「オレこの間、『未然に防ぐ』って言い方にひっかかったんだ。未然にってのはさ、何かこうすでに防いでるって感じがしない？」

「するする。未然に防ぐまでいくと、微妙に重複してるよね」

「『過信し過ぎる』とか『過酷過ぎる』は？」

「そりゃアウトさ。完全にダブってるもの。『小さな小舟』と同じさ」

「悪かったね『小さな小舟』で」

「まあまあ。『小さな小舟』『過信し過ぎる』『過酷過ぎる』がアウトで、『お湯をわかす』『採算がとれる』『未然に防ぐ』がギリギリセーフじゃねえかな」

「小説読んでたらね、『彼は、笑った時の笑顔がよかった』という表現に出っくわしたんだ。名の通ったたちゃんとした作家なんだけど、笑わない時の笑顔ってあるんだろうかと考えちゃったよ。『笑顔がいい』とか『笑った時の顔が魅力的だ』とか、他に書き方はあると思うんだが……」

「そりゃあなた方編集者の怠慢だよ。単なるチェックミスじゃないの」

「うん、言えてるね。さ、そろそろオヒラキにしますか。すいませーん、お茶下さい」

お茶が四つ並んだ。

「これ湯呑みって言うよね。でもお湯でなくお茶が入ってるんだ」

「また始まった。だからあなたのようなヘソ曲がりがいるんで、そう言われないために正式には湯呑茶碗と言うんだよ」

「あ、そうかあ。でも湯呑茶碗という言い方も何だかダブってるような……」

脇野さんと股野さん

明石家さんまと島田紳助がテレビドラマで共演したという。両者のカラミの時、紳助が「ウサギにツノ」というセリフを言い、戸惑ったさんまがあわてて台本を見ると、そこには「兎《と》に角《かく》」としてあったという。ホントかね?

「無精《ぶしょう》」を「ムセイ」と読んだタレントがいるらしい。ウケ狙いでなく。

「堀進《ほりすすむ》」という名の教師がいて、生徒がつけた渾名は「モグラ」だったという。上手い。

「いいことをした人は天国へ、
悪いことをした人は地獄へ、
普通に生きた人は中国へ行く」
田上《たのうえ》よしえのギャグである。

小宮悦子が「アウン・サン・スー・チー」と言う時、スー・チーの部分を他のアナウンサーとまるで違う発音をする。是非一度聴いてみて下さい。

笑う時の久米宏は、かなりの確率でフガと鼻を鳴らす。あれは庶民性の演出だろうか?

コロッケが舞台で、妙にぎこちなく引っ込んだという。「なぜ?」と訊いたら、「だって台本に『下手にハケる』と書いてあるから……」

シモテとヘタを間違えたらしい。

脇野さんと股野さんが結婚することになった。それまで誰も気がつかなかったが、披露宴の第一声で場内が爆笑になったという。司会はこう言っただけなのだ。

「只今より、ワキノケとマタノケの……」

女性スキャンダルでマスコミに追いかけられた山崎拓《やまさきたく》元自民党幹事長、ある時、顔を隠すべく、持っていた白い紙袋をかぶって逃げたという。悔しがったカメラマンが「それじゃKKKですよ」と言うと、バッと紙袋を取った山拓先生、「違う、オレはYKKだ」

紙袋で顔を隠したのは確からしいが、失礼しました。これはその折、私が作った小咄です。

「行ったら手ブラだったンですよう」と某女性タレントが言う。

なるほど、どこかへ手ぶらで行ったのかと思ったら違ってた。それはヌードに近い撮影で、「手をブラジャー代わりにするポーズ」なのだそうな。手ブラと手ぶら、音が同じなので紛らわしいが、また一つ言葉を覚え、勉強になりました。因みに、手タレは知ってました。あまりに手がきれいなので、CMなどに手だけ出演するタレントのことです。もっとも最初は手練《てだれ》と間違えましたが。

「この国には何でもある。希望だけがない」ってカッコよ過ぎないか、村上龍。

赤山の人だかり

9・11、テロによってWTCビルが崩壊したが、逃げ惑いながらTBSの記者がこうリポートした。「大変です、大勢の人が蜂《はち》の子を散らすように逃げています」と。そのシーンは繰り返しオンエアされたが、誰も「違う、蜂の子じゃない、それを言うなら蜘蛛《くも》の子だ」と突っ込まなかった。ここに私があらためて突っ込んでおきます。

911はアメリカの緊急電話番号であるそうな。警察、消防などが該当するらしいのだが、テロリストはその符合を狙ったのだと力説する人がいて、説得力があった。

真打《しんうち》がビッグイベントの成功を祝って、下働きをしてくれた前座を五人誘い、寿司屋に入った。「お疲れ様、さあ今日は何を食ってもいいぞ」オーと上がる歓声。「じゃあトロ下さい」「オレもトロ」「オレも」「もちろんトロ」「トロに決まってます」中にはトロのお代わりをする者まで出て……。これ「同時多発トロ」というダジャレですが、あの事件の直後、何人もの落語家が高座でやってました。

思い出したが、元号が昭和から平成に変わろうという時、歌舞音曲の自粛ムードが高まった。特にお笑いは目の敵《かたき》で、この時期、お笑い芸人の収入は激減した。血圧、心拍数、下血の量までが克明に発表され、息苦しさが全国を覆った。そんな時、ヤケになった某落語家が高座で替唄《かえうた》を唄って、右関係の方に殴られた。曲は「ゲゲゲの鬼太郎」である。「ゲ、ゲ、ゲケツのゲー……」その落語家が誰であるかは、あえて名を秘す。

同時多発テロの直後、アメリカ国民の間で「あのテロはパールハーバーへの攻撃に等しい」との世論が巻き起こった。たまたまアメリカにいた石原東京都知事、ただちに「違う、あれは広島長崎への原爆投下に等しいのだ」と言い返したそうな。さすがと溜飲を下げたが、この話に尾鰭《おひれ》をつけたヤツがいる。

「都知事がそう言ったらさ、ワンモアヒロシマ、ワンモアナガサキって言い返されたんだぜ」

サッカーのW杯、黒柳徹子が「ゴ、ー、ル、ド、キ、ー、パ、ー、のチラベルトさん」と言った。テーハミングゥと盛り上がる新宿区大久保界隈、熱狂する在日系の盛り上がりを取材したリポーター、そのお揃いのユニフォームを指し「赤山の人だかりです」と言った。記者だったかアナウンサーだったか、粋なことを言うもんだ。


「〜あるじゃないかと思う」

「〜いいじゃないかと思う」

それを言うだけで、確実にセルジオ越後の口調になる。どうぞおためしを。

あたしゃ寝てないンだ

前座の言い訳は御法度《ごはっと》である。「言い訳をするその口でなぜ謝らねえ」と雷が落ちること必定《ひつじょう》で、落語界というところ、とにかく謝っちゃえ、頭を下げろ、下げてるうちに小言は頭の上を通る、という世界なのである。

だいたい冷静に小言を言う人は少ない。カッとくるから小言を言うのであって、小言は不快感の解消、吐き出してしまえばスッキリするのである。スッキリすれば余裕が生まれる。でどうしたんだと質問があり、そこで初めて実は――と言い訳ができる。その言い訳や説明によって、師匠はたいがい軟化する。時には誤解してた、ゴメンよなどということになり、まず謝るというのが鉄則なのである。

謝らずに、いきなり言い訳を並べたらどうなるか。相手の怒りは増大する。ろくに小言を言わないうちに言い返された。なんというヤツだ。これが弟子なのかとストレスを溜め、ついには温厚な人が、クビだなどと口走ったりすることになるのだ。

先代の橘家圓蔵師は、よく小言を言う人だった。現圓蔵師は前座の頃、のべつに小言を食らい、完全に麻痺状態、小言を食らいながらアクビをしたという。で当然、また小言だ。

先代圓蔵師の晩年の弟子に六蔵(現林家かん平)がいる。六蔵も小言の嵐には辟易《へきえき》したらしい。圓蔵師の楽屋での愚痴が面白かった。

「六蔵のヤツに小言を言ったら、ヤロー、オレの小言を突っ立って聞いてやン。おまけにガムなんぞをクチャクチャ噛んでやがって、オレは毛唐に道を訊いてンじゃねえンだよ」

楽屋一同バカウケでありました。

謝罪の言葉より言い訳が先になる人、案外いますね。特に社会的地位の高い人ほど頭を下げるのが嫌いなようです。

「利用者の方に実害が出たというわけではなく……」

みずほホールディングスの社長はそう言って国民の怒りを買いましたっけ。

「あたしゃ寝てないンだ」

雪印の社長は苦しまぎれにそう言い放ち、こっちも寝てないよと、大勢のマスコミに突っ込まれました。

「それは子会社が……」

御存知日本ハムの社長です。

下手ですな皆さん。今にして思うと山一證券の社長は偉かった。

「悪いのは我々経営陣で、社員は悪くないンです……」

号泣してそう言い、当時は大の大人がなにも泣かなくてもと思ったのですが、考えてみるとこれはなかなか言えないセリフで、遅蒔《おそま》きながら感動しています。

すんまそん

豚児の言動がとぼけているので小言を言った。しおらしく頭を下げたまではよかったが、ついでのように言ったひと言にカチンときた。豚児は私に向かって「すんまそん」と言ったのだ。何だそのすんまそんとはと言いかけた時、豚児がテレビを指差した。そこにはおさる（現モンキッキー）というタレントが出ていて、すんまそんを連発していた。流行りのギャグだったのだ。私はギャグに怒ろうとしていたのだ。

ビビる大木という人は、テレビに映るなり「初めまして今晩み」と言った。今晩はの聞き違いかと思ったら、確かに今晩みと言っていた。意味不明である。印象づけるためのいわゆるツカミというやつなのかもしれないが、私が聞いたのはその一度だけで、周辺に訊いても、そういえば近頃言ってないなあという気のない返事ばかり。

今晩みのみは一体何だったのだろうか。

「お久しブリーフ」と言ったタレントがいた。

「スプレーしました」と言ったタレントもいたっけ。

「不愉快？　夏なのに」と言ったのはマジックのマギー審司《しんじ》であったか。

冬かい？　夏なのにと客にわかるまで、少し間があった。


ギターを持った凶悪な人相の中年男が出てくる。スーツ姿だ。そして思いもよらない甲高い声の幼児語で客席に言うのだ。

「おじゃまします」

南州太郎である。懐かしいなあ。あ、もちろん現役で頑張っていらっしゃいます。


雨上がり決死隊の宮迫という人は、「ミヤサコです」と言いながら、両手を使ったアクションをカメラ目線で一瞬のうちに決める。それはいいのだが、メジャーリーグ中継を見ていて驚いた。シアトル・マリナーズの佐々木投手（当時）がセーブを上げた瞬間、この宮迫アクションをやったのだ。のみならずナインの何人かが同じアクションで佐々木に応じ、あの宮迫アクションは今やグローバルスタンダードなのだ。ま、イチローはやりませんでしたがね。

瀬戸カトリーヌという日仏ハーフのタレントが、「みんな、こんにちーワッショイ」と呼びかけると、大勢の小学生が「こんにちーワッショイ」と声を揃えて応じた。NHKの『インターネットスクール』という番組でのひとコマである。両者の関係が好ましく、こんにちーワッショイは今やマイブームである。

彼女の母親は日本人で、スタジオのカトリーヌと母親を電話で結んだ。カトリーヌが何かの話題で同意を求めると、母親が「もちのろん」と答えた。

もちろんをもちのろんとは懐かしい言い回しである。母娘《おやこ》のファンになった。

事務所を通すと高くなる

『亜麻色の髪の乙女』のリバイバルヒットで、元祖のヴィレッジ・シンガーズを懐かしく思い出した人もいたろう。そのボーカル清水道夫氏に化けたニセモノには笑った。と同時に感心もした。まるで似てない外見に笑ったのだが、感心したのはその手口である。

男が詐欺事件の舞台となった長野県御代田町《みよたまち》に引っ越してきたのは一年前、その時すでに清水道夫と名乗り、求められるままにサインなどしたという。えらいねえ、一年計画なのだ。やがてニセモノと発覚したカラオケ大会になるわけだが、感心したのは写真（ブロマイド）を巡る彼の弁舌である。広報誌などに載せるための写真を要求すると、彼はこんな言い訳をしたのだ。

「写真類は火事で焼けてしまった」

町の人は、それでは困る、かつてのメンバーならお持ちなのではと食い下がる。こ

こで彼は、

「メンバーは散り散りバラバラで行方が知れない」

という答えを用意する。この時点ではちょっと苦しい言い訳とも思えるが、スゴいのはそのあとだ。町側がそうだプロダクションだと思いつき、事務所になら写真はあるでしょうと言った時、彼は説得力のあるひと言を吐くのだ。

「事務所を通すと高くなるよ」

ここで今回彼が受け取った額《ギャラ》の十五万が俄然生きてくる。個人で請け負った額が十五万、事務所を通すと果たしていくらになるのか？　町には予算の枠がある。さてどうしたものか……。

どうです、町側が押し切られる絵が見事に浮かぶではありませんか。彼はここでポーカーで言う逆レイズをかけているわけです。せっかく個人の善意で出てあげるのに、あなた方は事を大きくしようとするのですね。どうぞ事務所に連絡して写真を手に入れて下さい。だけど事務所というのは利潤を追求するものですよ。僕には僕の営業ランクというものがあって、当然事務所はその額を要求しますよ。その額を聞いてあなた方が驚いても僕は知りませんからね……。彼はそう匂わせたわけです。

いかにも本物のミュージシャンが言いそうなことではありませんか。そう、町側はこのひと言にコロッといかれたわけです。なんとか十五万でおさめたかったのですから。

彼はカラオケ大会の審査委員長として責任を果たしました。アドヴァイスを送り、入賞者には清水道夫と名の入った賞状を贈り、唄まで披露したのです。でこの唄がまた上手かった。外見はどう見てもニセモノなのだが。

客席に清水氏の知人がいて発覚、この折の男の対応がまたよかった。あんた一体誰なんだの問いに、

「はい私はニセモノです」

と答えたのだ。

この男にとってはバレることもギャラのこともどうでもいいのです。当人になりすますことが何より優先するのです。聞けば横浜銀蝿のメンバーになりすました前科もあるとか。ということはまたやります、この男。今度は誰に化けるか数年後を楽しみに待ちましょう。

銃器ネットでピストルを

以前、由々しいをユイユイしいと言ったTBSの女子アナKさんが、またやってくれました。ありがとう。今度は十七日をジュウナノカと言ってくれたのだ。彼女は早朝の番組を受け持っているのだが、ぐずぐずと朝まで起きていた甲斐があったというものだ。このぶんでいくと、十七日をジュウナナニチと読む日も近いかもしれない。楽しみだ。

住基ネットに関し、片山総務相（当時）が発言した。「公務員は善意の人」であると。いや近年稀《まれ》なブラックユーモアでありました。そりゃ私も、すべての公務員が悪意の人であるとは思っておりません。しかし個人情報を盗み見るのみならず、それを故意に、未必の故意も含めて漏らす公務員（学校、防衛庁、警察ｅｔｃ.）の心根が善意であるとはとても思えず、片山発言は、ああそれなのに、なのであります。これをブラックユーモアと言わずして、一体何をブラックユーモアと言うのでしょう。

住基ネット、正しくは〝住民基本台帳ネットワークシステム〟というらしいのだが、かつての〝国民総背番号制〟との表記の方がその本質を表してますね。証拠は街を行くオジさんやオバさんの言ってること、あるいは居酒屋に集う人の会話にある。彼らはその十一桁の番号について、異口同音にこう言ってるのだ。「囚人みたいでイヤ」「軍隊じゃあるまいし」と。

テレビの街角インタビューで、かくしゃくとした老人がたったひと言、

「色気がねえ」

と言い放った時には快哉《かいさい》を叫んだ。そう、その通りなのだ。それがズバリ本質なのだ。実施したサイドは利便性やら何やら多弁だが、どうかメリットをひと言で言ってもらいたいものだ。「銃器ネットでピストルを入手」とか「重機ネットでブルドーザーを購入」とか、住基ネットに関するダジャレが多く聞かれるのは、好ましい傾向であると思う。

武部農水相（当時）は度胸があるなあ。牛肉偽装問題で日本ハムを怒ってみせたの

ですから。それをテレビで見た瞬間、一体どのくらいの人がツッコミを入れたことか。よく言うよ。元はと言えばあなたから始まったことじゃないか。そもそもBSE対策がちゃんとしてればこれらのことは防げたのではないか、と。

信念にもとづく舌禍事件はよくある。戦争責任、従軍慰安婦、その他もろもろの問題について政治家がアッと驚く発言をする。当然諸外国や国内からブーイングが巻き起こる。すると彼らはすぐに陳謝するか、謝らない場合はその役職を降りるのだ。

発言の内容はさておき、未練も見せずに役職を投げ出す人にある種の潔さを感じ、私は好感を覚える。石原都知事の三国人発言もありました。謝るような謝らないような、ムッとした表情が信念を感じさせましたですな。役職は投げ出さなかったけれども。

セコムしてますかァ？

『だんご三兄弟』を唄った茂森あゆみさんという歌手の仰天発言です。下関だったか門司だったかへ味のリポーターとして出かけ、ウニ丼を頬張り、こう言い放ったのです。「皆さんもぜひ一度食べた方がいいですよ、生きてる間に」と。生きてる間に？いや唄っているお姿とかけ離れた実にインパクトのあるお言葉でした。生きてる間に。スゴイなあ。

三宅裕司氏は明治大学の落語研究会《オチケン》出身、私と同い年であるので注目しているのだが、この人でもやってしまうことがあるのですね。彼の持っていたレギュラー番組の一つに『どっちの料理ショー』というのがあって、その中で特選素材を紹介する折のことであった。それにはもったいをつけて布がかぶせてある。十分に期待を持たせ、その布をとりながら三宅氏は言ったのである。「さ、それでは拝見さしていただきたいと思います」
私個人としては「見ましょう」もしくは「これです」でいいと思う。しかしテレビである。ショーアップしなければならない。だから素材を提供してくれた人に敬意を表して「拝見しましょう」ならわかるのだ。ところが三宅氏は「さ、それでは」に始まって「拝見さしていただき……」と続け、「……思います」まで付け加えたのだ。テレビの前の私が「思うだけかよ」と突っ込んだのは当然のことなのであります。ま、同世代の売れっ子に対するヤッカミですな。

野球ファンはその人をフルネームで呼ばず、シンプルにナベツネと言います。そのナベツネさんが記者を前に喋ってました。「試合に出れる選手は九人じゃないか」と。その内容はこの際どうでもいいんです。問題は「出れる」なのです。そうです、ナベツネさんは「ら抜き言葉」の使用者なのです。これはいいことを聞きました。ナベツネさんは大新聞社の総帥なのですから。その新聞社が「ら抜き言葉はよくない」などという記事を載せたとしますか。その時こそチャンスです。「何を言ってるんだ、お宅の大将は、ら抜き言葉の推進論者じゃないか」と、鬼の首でもとったかのようなツッコミが入れられるのです。

講談社のコミック誌『モーニング』を読んでいて、いいセリフを発見した。それは『カバチタレ!』という連載漫画の中にあった。登場人物の一人がこんなことを言うのである。「銀行ちゅうんは晴れの日にカサ貸して、雨が降ると取り上げるんじゃけんのう」と。上手いと小膝を打ちましたですね、これには。ひと言で銀行の本質を捉えているではありませんか。

長嶋茂雄邸に賊が入りました。大きな屋敷ですが簡単に入られてしまったのです。長嶋氏、反省して曰く「セコムしてませんでした」ってウソウソ、そんなこと言ってません。

僕ってエーペだから

ＮＨＫ・ＢＳのお陰で、イチローはじめ大リーガーの活躍がリアルタイムで見られるようになった。これにスカパーやＷＯＷＯＷの契約をしたらどうなるか。私にはまだやるべきこととやりたいことがあり、テレビにこれ以上の時間を取られるのは考えただけでも怖ろしく、必死で我慢をしているのだが、それにつけてもメジャーリーグ中継の楽しいことよ。

イチローのマリナーズ入りが決まった時、私は某紙のレギュラーコラムに予想を書いた。一年目は様子見《ようすみ》、しかし三割は打つだろう。二年目、馴れるので三割七分、そして三年目にテッド・ウィリアムス以来の四割を打つのだと。エールを送るつもりで多少ヨイショを入れて書いたのだが、何だかそのうち実現しそうである。

野茂とは握手したことがある。やはりメジャー入りが決まった時、私がイベントの司会、野茂がゲストという形で会ったのである。大きくて柔らかくて、暖かい手だった。固いと思ったら柔らかかったのが意外で、彼はあの手でフォークボールを投げるのだ。

　新庄には笑った。インタビューの最中に突然、ほとんど脈絡なく「僕ってエーペだから」と言い出したのだ。記者がキョトンとすると「あれ、エーペ知らないの？」

「知りません」

「やだなァ、英語ペラペラでエーペだよ」

　初耳である。英語ペラペラをエーペと言うなんて。能天気の面目躍如で実に新庄らしい。しかし「僕ってエーペだから」は、何だか流行りそうな気がする。いいなァ新庄。

　ゲームの七回表終了時にセブンスイニングストレッチがある。観客が皆立ち上がり『私を野球に連れてって（Take me out to the Ball Game）』を唄うのである。ある日、気持ちよく聞いてたら、解説者がかぶせて唄った。音痴でカラッ下手《へた》で、しかもうろ憶えだった。これには怒った。下手なのはいい。しかしテレビに出る立場、つまりプロであれば下手が愛敬になるか芸になっていなければならないのだ。元名ショートストップY氏の猛省を促す、と言っておこう。

近頃アナウンサーが軽打《けいだ》という言葉を使う。「強打《きょうだ》する」と言うから、反対語であれば弱打《じゃくだ》でなければならないだろう。軽打を定着させれば強打でなく重打《じゅうだ》と直すべきで、軽打という言葉、やはり変だ。

競馬での馬主という言い方に似ている。バヌシという言い方とウマヌシという言い方があるからだ。さて本書の読者はいずれでありましょう。私はウマヌシであります。

「特打」も同じでしょうか。これかなりのアナウンサーがトクダと発音するのだ。「特別な打ち込みの練習」と解釈し、私はトクウチと言うのだが、「特別な打撃練習」でトクダなのだろうか。私はトクウチと思うがなァ。だってパソコンのコマーシャルで言ってるじゃありませんか。「トクウチトクウチトクウチ……」

冷静と情熱のあいだ

イタリアのプロサッカーリーグを「セリエA」と言うらしいが、テレビ局によって「セリエアー」だったり「セリエエー」だったりする。つまらない意地の張り合いだといつも思う。

女性が「それって一人よがりよ」などと言うとドキッとする。「さ、そろそろ本腰を入れましょう」も同様で、ましてやそれが妙齢の女性から発せられると赤面するのだが、考え過ぎだろうか。

ヨイショ嫌いのナポレオンに「あなたのそういうところが素晴らしい」と言って、取り入った者がいるという。えらいヤツだ。

ＴＢＳ『さんまのＳＵＰＥＲからくりＴＶ』の「御長寿早押しクイズ」を見ていたら、「出世魚のハマチは大きくなったら何になる?」という問いが出て、某老人が「刺身」と大きな声で答えた。正解にしてやればいいのに。


新入生同士の会話。

「野球部に入ろうと思うンだけど、おまえは?」

「オレ、帰宅部」

部活をやらないのをそう言うらしい。


電車内の女子高校生がテレビドラマを話題にしていた。「『冷静と情熱のあいだ』ってあるけど、普通じゃん」

意味不明であったが、しばしして上手い、その通りだと相槌を打った。

冷静と情熱の間は、そう、「普通」の状態なのだ。


競馬関係者のダジャレ。

「可愛い子にはダービーをさせろ」

テレビを見ていたら、某もんじゃ焼屋のオカミが出てきて、その極意を端的に語った。「土手を作り、残りを流し込み、恥をかかずに8を書け」お見事！

『ルイジアナママ』の飯田久彦が久々にテレビに出演し、『ブルー・スウェード・シューズ』を唄ったが、なぜか顔が中曽根康弘ソックリになっていた。特に眉毛《まゆげ》などは……。

テレビタレントだったか誰だったか、「世は情け、ビールはお酒」というダジャレを飛ばした。いまひとつだと思った。

小さんは前夜にちらし寿司を平らげ、翌朝亡くなったが、その寿司屋をワイドショーが紹介した。小さんの色紙が映り、それには「鮓即是食《すしそくぜくう》」としてあった。小さんの寿司の食い方がありありと甦った。二貫出てくるとこれを両手に一貫ずつ取り、まず右手の一貫を醤油につけ口に放り込み、次は左手の一貫となるのだが、空《あ》いた右手でケースの次なるネタを指さしているのだった。

生麦生米生はダメ

何かの折に中学生と話をしていて、マジという言葉を使ったら、「オジさん、マジなんて言葉知ってってナウいじゃん」と言われたのは約二十数年前。私は思わず苦笑してしまい、説明してやった。「マジとかシャレとか（芸が）クサいとかいうのはすべて、落語家を始めとする寄席芸人特有の符丁なんだよ」と。連中、ビックリしてましたっけ。

マジは今や大人も子供も使い、すっかり定着したが、若者のマジはこの二十年間に微妙な変化を遂げ、語尾をやや上げながらイとエの中間を発音する「マジェ?」となった。

ファストフードの店や電車内は若者ウォッチングに適しているが、ある日、高校生であろう男の子の「ちげえよ」という声が耳に入った。会話の前後から「違うよ」の意であるとわかったが、ちげえよというのは江戸弁風で面白い。

「元ちとせって歌手がいるよな。オレ最初さ、モトちとせって、じゃ今なんて名前なんだよってツッコミ入れたら、ハジメって読むんだってな」

「あ、オレも同じツッコミ入れた」

これ、中学生同士の会話であるが、笑いました。私もモトと読んだのですから。

ツッパリ風が「ブクロでボコられた」と言うので興味を持った。池袋でボコボコにされた、つまり池袋で殴られたとの意味らしいが、今も池袋をブクロと呼ぶんですね。親近感を覚えましたですよ。

「ビミョー」というのが流行《はや》りらしい。友達が「行くの行かないの」と訊くと「ビミョー」。

「どうすンの」

「ビミョー」

「ハッキリしろよ」

「ビミョー」

微妙ということなんだろうが、この高校生と覚しき男の子は終始一貫この言葉以外発しなかった。以前、何でもカワイーで済ます女の子がいたが、今はビミョーが旬なのだ。

五、六人の女子高校生がガヤガヤと入店し、座るやいなや中の一人が、「こういう早口言葉知ってる?」と言い出した。おや新ネタかと耳をそば立てたら、新ネタかつ下ネタであった。「生麦生米、生はダメ」キャッキャ言いながら大声で声を揃えてのリフレイン、いやオジさんは赤面いたしました。スゴいわねえ。

「こだまにもひかりにも乗り遅れたらさァ、まだのぞみがあるだって」

一人がそう言い、ドッと弾けた女子中学生の一団がいた。割りゼリフにする、つまり上下《かみしも》を振って小咄という形式にするという工夫はなかったが、笑い話にはなっていて、大いに感心した。思わずそのネタちょうだいと声をかけたぐらいで、若い人の言語感覚にはいつもビックリです。

カナヅチとキセル

豚児達が高校を卒業して以来、中高生と話をする機会がガクンと減った。しかし先日、ファストフードの店で席が隣り合わせになったのを幸いに、話しかけてみた。

その中二男子の三人組は、プール帰りなのが明らかだった。テラテラと赤く日焼けし、二人が一人を「カナヅチ、カナヅチ」と囃《はや》していたからだ。ほう、カナヅチはまだ死語ではなかったのかと感心し、話しかける気になったのだが、彼らは警戒することなく相手をしてくれた。

「カナヅチってどういう意味?」

意地悪だが、そう訊いてみた。

「泳げないことさ」

「カナヅチって日本語かい?」

「……だと思うよ」

「どんな字を書くの?」

「……」

彼らの頭には片仮名しか浮かばないようだった。そこで試して悪かったと謝り、私は「金槌」と書いて見せた。そして大工道具であること、頭が重いから沈むのだということを説明し、やり過ぎかと思ったが、同じ紙に絵を描いた。するとカナヅチの当人が、「ああ、ハンマーみたいなもんか」と言い、ズルッとコケた。

当たらずとも遠からずだが、まあカナヅチという言葉が残ってるだけでいいかと納得した。


電車内のこと。相手は男子高校生、やはり三人であった。やろうか、やろうよ、やるやると、何やら楽し気である。そして切れ切れに「キセル」という言葉が聞こえてきた。なるほど、これからキセルをやろうというのだなと興味を覚え、話しかけた。

「ねえ、キセルってどういうことをするの?」

「キップと定期《てい き》券を使ってカネを浮かすこと」

「そうか、それをキセルと言うのか。で、どんな字を書くの?」

当然彼らはわからない。またお節介だ。私は「煙管」と書き、絵を描いた。

「おっ、時代劇で越後屋が使ってたやつだ」

「ふふ越後屋、おぬしも悪よのう」

感度のいい高校生で、たちまち掛け合いを演じてみせた。ブツを知ってるなら話は早い。

「時代劇のキセルが、なぜ鉄道でも使われるの？」

「……」

「では教えて進ぜよう」

私も悪ノリし、時代劇で応じた。

「この絵の口にくわえるところ、これを吸口《すいくち》と言うんだ。タバコを詰める部分を雁首《がんくび》と言うんだ。これ両方金属。で間はたいがい竹で出来ててね、羅宇《ラウ》と言うんだ。金属はカネだね。つまり吸口と雁首にカネを使って、真ん中にはカネを使わないんだな。間にカネを使わずに浮かす。だから鉄道もキセルなんだよ」

この時の高校生の私を見る目は尊敬そのものであったが、うっかりした。キセルはやめろと言うのを忘れてしまったのだ。

ケータイバカ大活躍

「女子大生亡国論」というのが昔ありました。「一億総白痴化」あるいは「一億総タレント化」と言われたのもその頃でしたか。

事件があります。現場や所轄警察署などから記者やアナウンサーがリポートします。と、ある現象が必ず見られます。リポーターのうしろに群がる野次馬というやつで、これがテレビカメラに向かってVサイン、どんなに悲惨な事件であっても笑顔でピースなのです。しかも何人もが先を争って。

近頃これにケータイが加わりました。テレビの前にいる誰かと連絡を取り合い、映ってると知った上で様々なパフォーマンスを見せるのです。大袈裟なジャンプをしたり、志村けんのアイーンをしたり。ま、ガキが多いのですが。

野球中継でもバカは大活躍です。センターからのカメラがバックネット方向を映し出す時、ネット裏席に陣取ったいい年をした大人達までが、ケータイ片手に手を振ったりするのです。ネット裏席は企業などが接待用に押さえているのが通常です。つまり招待に値《あたい》する然るべき人達のはずなのですが、それがケータイ片手にニヤニヤしているのです。

スタジアムでなら何とか我慢をします。それを国技館からの相撲中継で発見した時にはさすがに愕然としましたね。向正面《むこうじょうめん》にゲスト席があります。元関取や相撲ファンの有名人が招かれるのですが、アナウンサーは時々彼らに話題を振り、そのゲスト席が映し出されるわけです。そのとき後方にいる客の耳にケータイがあてがわれるのです。しかもゲスト席のモニターテレビを見ながら手を振るのですから念が入ってます。つまりあらゆるところでカメラに手を振る人は、テレビカメラがどこにあるか、どこを映しているか、どうすれば映るかをよく知っているのですね、いやらしいほど。一体いつから日本人はこんな風になってしまったのでしょう。かつて素人は玄人の世界に足を踏み入れなかったもので、そんなことしようものなら堅気《かたぎ》は堅気らしくとたしなめられたものなのです。

カメラに臆することなく喋る。自分の意見を発表する。こういう点においては格段の進歩だと思うのですが、喋り過ぎという人も多く見られます。大きな事件などの際、リポーターは近所の人々に話を聞いて回るのが常ですが、この近所の人々が実によく喋るのです、老若男女のすべての世代が。

警察や信頼のおける一部のマスコミにだけ遠慮勝ちに喋るという不文律があったと思うのですが、様変わりしました。見たことだけ、知っていることだけ喋ればいいものを、憶測や推理を交えて喋るのですから驚きです。事件が解決したら何のことはない、まるで違った顚末《てんまつ》で犯人が捕まったりするのです。

先日はテレビ局の人から名刺をもらってよほど嬉しかったのでしょう、それを振り回し、身振り手振りで喋りまくっているオバさんがいましたっけ。下品になりましたなァ、日本人。

ショーザスピリッツ

読売巨人軍のキャンプインの模様が面白かった。どこやらの神社に詣で、絵馬を奉納したのであるが、書き添えた文字文句にそれぞれの個性が出ていて楽しめたのだ。そのころ新任の原監督は張り切っていた。そして絵馬にまずは「祈優勝」と書き、次に何やら横文字を書き添えた。それが「Show the spirits」で、もちろん9・11以来ブッシュが口癖のように言った、そして流行語にもなったショーザフラッグを受けてのものだが、ほう原監督、大きく出ましたなと、新任の気負いを感じましたですな。

松井選手（当時）は本寸法で、ひと言「三冠王」と決めました。

問題はこの人、清原選手（当時）で、さあこのひと言をどう受け止めましょう。彼は図体に似合わぬ小さな可愛い文字で「世界平和」と書いたのだ。さあこれ笑っていいものでしょうか。あるいは真摯《しんし》に受け止めるべきものなのでしょうか。原監督の「ショーザスピリッツ」がブッシュのもじりであることを考えれば、清原選手の「世界平和」も9・11のテロを思って書いたという推測は成り立つ。しかしキヨハラなのである。番長の、岸和田ダンジリの、乱闘の、シバくぞワリャー、の清原選手なのである。うーむ、シャレかマジか？

某神社の絵馬に「合格祈願　仏教大学」というのがあったという。

暴走族はオートバイを飾り立てるのが好きだが、必ずと言っていいぐらいに「交通安全の御守《おまもり》」を付けている。

電車内で隣りの男がノートパソコンを打ち始めたが、よく見るとパソコンから御守がぶら下がっていた。ミスマッチの妙であった。

神社と寺の区別がつかない人はけっこう多く、寺で盛大に柏手《かしわで》を打つ人がいる。一方、神社で途方に暮れる人がいて、「二礼二拍手一礼《にれいにはくしゆいちれい》ですよ」と言ってもキョトン、ついには「そんなことをよく知ってますね」とくる。知ってるはずです、私は二十年間にわたり、神社の参集殿で独演会を開催しているのですから。北澤八幡宮《きたざわはちまんぐう》参集殿、偶数月の十五日、午後六時半開演、小田急と京王井《い》の頭《かしら》の下北沢駅より徒歩十分、繁華街から少し離れますが緑の多い環境で、客席は畳敷です。木戸銭は二千円、是非一度御来場のほどを。

お相撲さんは決して初詣に行かないという。初場所を控え、それどころじゃない。初場所が無事済んで、そこで初めて正月が来る。彼らが初詣に行くのはそれからだ。もっともらしい理由に聞こえるが、間違いである。その理由では、勝ち越した力士はいいにしても負け越した力士はどうすべきなのかという疑問が生じるのだ。お相撲さんが初詣に行かない理由はただ一つ、縁起が悪いから行かないだけなのだ。だってほら、行ったとしてごらんなさい。正月早々、いきなり参拝（三敗）するなんて……ヘイ、御退屈様。

春夏冬升々半升

居酒屋の目立つところに「春夏冬升々半升」と墨痕鮮やかに書いてある。初めての客が「これ何と読むの?」と訊くこと必定で、ここから店主《おやじ》のペースとなるわけである。

「普通は春夏秋冬でしょう。ところがこれには秋が無い。秋無い、つまり商《あきな》いだ。ここまでくればあとはわかるでしょう。マスマスハンジョウ、そう増々繁盛、続けて読めば、『商い増々繁盛』となるわけだ。ワッハッハ」

大概の客はオーと驚き、マメな客はメモを取るという。店主はお客さんとの会話のキッカケになるというが、実際相当な効果があるらしい。

「そうやって馴染んだ客が友人を連れてきて『春夏冬升々半升』の講釈なんぞを垂れたりすると、計略図に当たりだね」

店主はそう言って笑うわけだが、エヘン、このネタは私が教えたんである。

繁華街、ことに夜の飲み屋街に多く見られるステッカーに「暴力団お断わり」というのがある。これが銭湯やサウナとなると「入墨《いれずみ》お断わり」となるわけだが、やっぱり暴力団員はやって来るという。そりゃそうだ、暴力団、入墨という言葉は生々しく、彼らとてカチンときて、「暴力団のどこが悪いんじゃコラ」などとやって来るのである。ここがこう悪いと面と向かって言える人は少なく、で彼らはやって来るわけです。

宮崎県日向《ひゅうが》市のスナックに素晴らしい貼り紙がしてあった。それには、

「任侠道に携わるお客様、平に御来店御容赦の程を」

と書いてあったのだ。嬉しくなり、訊いてみた。来ますか、と。「いえ、まずいらっしゃいません」が答えで、いいなァ、任侠道だもンなあ。携《たずさ》わる、平《ひら》に御容赦だもンなあ。これでのこのこやって来たら野暮の極み、ヤクザの風上にも置けない男で、いやァこの店主、見事な日本語通、かつ人間通でありました。

「貸し売りお断わり」これもいささかムッときますな。味も素っ気もないわけです。

「いつもニコニコ現金払い」この辺がポピュラーといったところでしょうか。

少し凝ったのになると、その前にひと言付け加え、「貸して不仲になるよりも、いつもニコニコ現金払い」となるわけです。

先日、それを上回る文句に出食わしました。それにはこうあったのです。「貸売りは奈良の都《みやこ》の刀鍛冶《かたなかじ》、先も切れます元も切れます」と。どうです、乙でしょう。先（客）と元（店）の縁が切れる、つまり不仲になると、暗に言っているのです。

某店のトイレに「録音室」と書いてあり、ヤなシャレだと思った。オトイレ、音入《おとい》れ、だから録音とのシャレだが、センスがよくない。むしろ「雪隠《せっちん》」と書いた店に好感を持った。案の定、読めない意味を知らない若者が質問し、いつもそこから店側との会話が始まるのだという。

適量は二合半

「こなから」という名の居酒屋があるという。『二合半』と書くらしい。シャレたネーミングである。

私は群馬は館林の隣りの邑楽《おうら》町の生まれで、今でも上州弁が使える。私が出かけて言葉の違和感がないのは館林はもちろん、群馬で太田、伊勢崎、栃木で足利、佐野、埼玉で羽生《はにゅう》、行田《ぎょうだ》、熊谷あたりで、三県にまたがるが、この一帯は同じ言語圏であると言えよう。

そんな彼らがよく口にする方言に「なから」がある。「なからやるンねえ」という使い方をするわけだが、意味するところは「なかなかやりますね」と「そこそこだね」の二つである。この「なから」に小粋《こいき》なとか小洒落《こじゃれ》たの小の字を付けると、「こなから」になるわけで、ニュアンスは「ほどがいい」というところであろうか。

古語辞典には「小半」と書いてこなからと読む、四半分《しはんぶん》の意としてある。一升の四半分は二合五勺《にごうごしゃく》、すなわち二合半であるから、冒頭につながってくる。
居酒屋で飲む。三合飲むと酔ってしまい、他へ行くのが億劫《おっくう》になり、長《なが》っ尻《ちり》となる。長っ尻は呑《のん》べえの恥とするところだが、いかんせん二合ではちと少ない、もう少し飲みたい。で、ほどのいい「こなから」、河岸を変えるのにちょうどいい「二合半」となり、つまりそれが店名となったのではないかと推察するわけである。うーん、その居酒屋へ行ってみたい。

二つ目の頃によく通った浅草の銘酒居酒屋『松風《まつかぜ》』も、確か一人お銚子三本まではなかったか。久しく行ってないが高歌放吟《こうかほうぎん》はもちろん、声高に話すだけでも注意されるという、そんな店だったと記憶している。

チューハイ、つまり焼酎ハイボールは今や完全に市民権を得たが、いや現実には主流であるが、昭和四十七、八年であったか、「酎ハイ有り〼《マス》」の看板を見た時、我ら前座の心は躍った。体（胃と肝臓）が丈夫でいくらでも飲める。しかしカネはない。そんな前座にピッタリの店が歌舞伎町に出来たのだ。店名は『どじょっ子』だったと記憶しているが、これがスルスル入る。旨い。しかししかし、その店もお一人様三杯までなのである。ない智恵を絞った。簡単、下戸の前座《なかま》を連れてけばいいのである。四人中二人下戸、さすれば我らは六杯ずつ飲める勘定で、下戸には何か食い物をあてがっておけばいいのだ。やはりカネのない、新劇の若い役者とよく喧嘩をした。とにかくこっちは六杯飲んでベロベロ、へべのレケ、ほんとにゴメンナサイ。

酒乱と酒乱が喧嘩した。酒乱が酒乱を投げ飛ばした。投げ飛ばされた酒乱は投げ飛ばされる一瞬、投げ飛ばした酒乱の耳を食いちぎっていた。投げ飛ばした酒乱が言ったそうな。「やっぱりあいつは酒乱だ」

冗談よし子さん

酒を飲むと朗らかになる人がいる。いわゆるいい酒というやつだが、先日、居酒屋でそういう人と隣り合わせた。

赤ら顔がテカテカと光り、よく笑い、よく飲み食いし、そして喋る。でこの人の口から「冗談よし子さん」が出たのである。いやァ久々に聞いたなァ冗談よし子さん。私はすっかり嬉しくなり、まずは一献《いっこん》差し上げ、すると先方からもお返しがきて、いわゆる意気投合、半端に古い言葉の応酬となったのである。

私より二つ年上の人だったが、古語ではなく半端に古い、懐かしい響きの言葉が好きなのだという。私もまったく同意見、昭和三十年代から四十年代、そして五十年代までは確実に残っていて、大人が機嫌のいい時……、いやそうでなくても人々が日常的に使っていた言葉、そういう数々が好きなのである。

その人を仮にＡさんとするが、Ａさんの相槌がまず面白い。私が喋ると「なるへそ」と言うのである。これ、シラフで初対面の人にぶつけるとバカにしてンのかとなるが、そこは初対面といえども同好の士、私からすれば増々気に入ったとなるわけである。

その種の語彙《ごい》の豊富さを褒めると、すかさず「とんでもはっぷん、駅まで10分」と返ってくる。酌をすると「おそれ入谷《いりや》の鬼子母神《きしぼじん》」ときて、私は愉快になり、「これはこれは、びっくり下谷《したや》の広徳寺《こうとくじ》」と返す。Aさんはこれに喜び、「アッと驚く為五郎～」と唄い、もう何だかわからない。

傑作だったのは、Aさんがトイレに立った折のことである。この時もAさんは「ちょいとハバカリへ」と言って席を立ち、戻ってきてそれを言ったのである。

カウンターで飲んでいたのだが、私達のうしろにテーブル席があり、ひと組のカップルがいた。Aさんはカップルを目にするとこう言ったのである。「おや、ランデブーですか、若いってのはいいね。でこれからデスコへ行ってフィーバーするとか」と。これはスゴい。ランデブー、デスコ、フィーバーという三点セットである。しかもデスコと発音も正しい。私はひっくり返ってウケたが、カップルはただポカンと口を開けてましたっけ。

この晩Aさんは、その他に「あたりきしゃりき車引《くるまひ》き」「合点承知《がってんしょうち》ノ介《すけ》」「ハイカラ」「けっこう毛だらけ猫灰だらけ、お尻のまわりはクソだらけ」「あたり前田のクラッカー」「見上げたもんだよ屋根屋の金玉（褌ではなくこれが正しい）」「船来物」「ナウい」「ガチョーン」等と言い、あろうことか「自分を信じて行くのだピョーン（ミニモニ）」を付け加えたのである。

以来Aさんとは会う度に盛り上がったが、大阪へ転勤になってしまった。向こうでも酒席の人気者は間違いのないところだが、私が今から楽しみなのはAさんがどんな大阪ネタを仕込んで戻ってくるか、ということなのである。

痴漢車トーマス

久々に池袋西口を歩いた。前座時代を過ごした街である。我がアパートは三業地と呼ばれる色っぽい一角の近くにあったが、見事区画整理され、その面影すらなかった。道に迷ううち、ラブホテル街に出た。そうだと思い出した。一帯は昔、連れ込みと呼ばれる旅館街であったのだ。『ふくろ』という名の旅館があった。いけぶくろのぶくろからのネーミングだろうが、ぶくろと濁らずに、ふくろとシンプルなのが、妙に想像力をかきたてられたものだ。そう、『交楽』という名の旅館もあった。交わると楽しいのか楽しい交わりなのか、このネーミングにも刺激されたっけ。

思えば池袋は妙な街である。東口に西武デパートがあり、西口に東武デパートがあるのだ。『ぬかりや医院』という名の産婦人科があったのは東口はビックリガードの近くで、私がよく通った寿司屋の近くには『注射堂肛門科』という名の医院があった。

『ぬかりや』に『注射堂』であります。前者は何だかぬかりがありそうで、後者は無闇と痛そうだ。そうそう、平和通り商店街には『タイガー』という床屋さんがあったっけ。虎刈りを得意とするからタイガー？　と当時は心配したものだ。いやァ皆さん、ネーミングには凝っていらっしゃる。両医院とタイガーさん、現在も営業中だったらごめんなさいよ。

『性部ヌケ袋』という名の風俗店がかつて池袋にあったそうな。ついでに思い出したが、コスプレ（正確にはコスチュームプレイと言うらしい）だかの店に『痴漢車《ちかんしゃ》トーマス』というのがあるという。こりゃ上手い。そこで行われてることとダジャレの対象にされたものが離れてるほど面白いのだが、これはそのケースで群を抜いている。いいなァ『痴漢車トーマス』は。

『ヌレヨンチンちゃん』『自慰ショック』『サワリーマン金太郎』『ナメチャイナタウン』などもなかなかやりますな。

実際にはないが、あったら面白いだろうとタモリが二つ作ったという。『東京オフエラシティ』に『ナメ屋横丁』だが、これもいい。もちろん、東京オペラシティと中野区の鍋屋横丁のダジャレでありますね。

バカなことを考えながらかつて通った寿司屋に着くと、「おや久しぶり寸ちゃん」の声。私の前座名は立川寸志《すんし》であって、古い知り合いだけがそう呼ぶわけだが、これも妙なネーミングということになるのだろうか。

大掃除を手伝ってこい。あのパーティーの受付を手伝え。談志の命によって私はあちこちに出かけ、「談志からの『寸志』であります」と口上を言う。つまり談志は、私という労働力を『寸志』としてお客様に提供したのであります。

重荷とアボジ

焼肉屋で有意義なひと時を過ごした。肉もなかなか旨かったのだが、客ウォッチングが面白かったのだ。

右隣りのテーブルに、五人の一団が席を占めた。サラリーマン風であるが、何かのプロジェクトの打ち上げらしく、みな晴々と入店してきた。一人の中年管理職風が、四人の二十代に向かい、さ、今日は大いに飲んで食おうといい、こういう光景は端から見ても気持ちのいいものである。

「とりあえずビール」管理職風がそう言ったのが発端だった。「課長、とりあえずってのは変ですよ。ビールくれでいいンじゃないスか。妥協して、まずはビールだと思いますが」

他人事《ひとごと》ながら若手の発言に私は思わず腰が浮きましたよ。しかし課長は怒らず、

「悪ィ、口癖なんだ。自分でも妙な言葉だと思うンだが、出ちゃうンだな。言い直す。

すいませーん、ビール。それから眞露《ジンロ》いくから水割の仕度《したく》しといて」ときた。

以後、ワイワイやってましたよ。充分に飲み食いしてる様子でしたね。と別の若者がこんなことを言い出した。

「課長はキスと言いますか、キッスと発音しますか？」

「ン？　何だそれ」

「奥さんとするでしょ、あれの発音ですよ」

「うーん。あ、オレはキッスだな」

途端に四人の若者は弾けた。「古い。課長はオッサン」と言って。

若い世代はキスと言い、中高年はキッスと言うンだそうな。私も発音してみたがキッスで、成程と思った。課長も私と同じ思いのようで「そうか、そうだな、いいことを聞いた」などと頷《うなず》いている。

「ところでカマバーのオカマだがな」と、今度は課長が仕掛けた。「本物のオカマと偽物のオカマの見分け方わかるか」と。「あのな、偽物は平気で立小便をするンだよ。つまりボーイやウェイターじゃ稼げないから、給料に釣られてオカマをやってるンだな。本物はおまえ、小便するとこなんか見せないよ。見られたら真っ赤んなって自殺するよ」

へぇーと、四人の若者は感心しきりで、いやなかなかフランクな五人でありました。

いつの間にか左隣りに二人連れがいて、こちらは先輩と後輩、三十五歳と三十歳といったところでしょうか。落ち込んだ後輩が先輩に相談を持ちかけている様子で、先輩が盛んに励ましてます。

「だから大きな仕事を任されたことを名誉に思えよ、前向きに考えろよ」

「でも強《きつ》いンすよ。もう、重荷で重荷で……」

この時です。先輩が「重荷《オモニ》とアボジ」というダジャレを飛ばしたのは。オモニとアボジ、お母さんとお父さん、代表的な朝鮮語で、しかもそれが焼肉屋で発せられたのが素晴らしい。しかし後輩に反応はなく、彼は本当に重荷だったようだ。

皆さんが言葉遊びを楽しんでます。素人侮《あなど》れず、を実感した一夜でありました。

先楽後楽

「火をおこす。釣りを教える。キャッチボールをする」

これがアメリカにおける父親の息子に対する最低限の義務なんだそうな。


「子供は親の言うことをきかない。だけど真似はするぞ」

我が立川流の顧問であった故稲葉修法相の言葉である。


「母親は　もったいないが　騙《だま》しよい」

昔の人はいいことを言います。


「これ小判　どうかひと晩　いてくれろ」

この古川柳も好きです。庶民の経済事情がよく出ています。

「酒は水よりも害がない。疑ぐる前に洪水を見よ」

談志を通じて知った西洋の諺ですが、この飛躍が好きです。

「驢馬《ろば》が旅をしたからといって、馬になって帰ってくるわけではない」

これも西洋のものでしょうか、分《ぶん》を知れと言われてるようでもあり、しかしとぼけた味わいがあって気に入ってます。

「年寄りのバカほどバカなものはない」

これは山本夏彦氏の著書で知ったと記憶してますが、その時まったく上手いことを言うと唸りました。そうです、年寄りのバカほどバカなものはないのです。年寄りだから智恵があるだろう、経験からくる示唆には傾聴すべきものがあるだろうなどと思ったら大間違い、といったことはよくあるのです。いやちゃんとした年寄りになりたいものです。

「備えあれば憂いなし」と言います。「先憂後楽」も同義語でしょうが、ブラジルへ行った折、この国にはそういう発想はないと在留邦人が教えてくれました。まず楽しむのがブラジル人だと言うのです。すると「先楽後憂」ですねと私が言うと、いえ彼らは「先楽後楽」なのですと返ってきてビックリ。成り行きということなのでしょうが、お国ぶりというのはあるのですね。

インドで似たような経験をしました。この国には「明日できることを今日するな」との諺があるというのです。気に入りました。この諺を前に、鉄は熱いうちに打てなどという言葉の何と無力なことでしょう。で今や「明日できることを今日するな」は私の座右の銘なのです。

「肩からしだいに力が抜けて　女にされてく初夜の床」

都々逸の下ネタは品よく穏やかだが、古川柳のそれはミもフタもない。「金玉の根元涼しき女房の屁」って、ものすごい描写力です。

バツイチの人

「後家《ごけ》」という言葉をとんと聞かなくなった。「後家さん」あるいは「若後家」という響きに、男どもが色めきたったのは遠い昔のことで、意味は亭主と死に別れ、独り身で暮らす女ということだが、今は「未亡人」の方が通りがいいだろう。

「やもめ」という言い方もしなくなった。これには「男やもめ」「女やもめ」があって、落語では「女やもめに花が咲き、男やもめに蛆《うじ》がわく」などとその有《あ》り様《よう》を表現している。意味は後家とほぼ同じだが、男が参加できる珍しい例だ。

「行かず後家」という言葉は、かろうじて長らえているかもしれない。いつまでも結婚しない女性に、年寄りが「いい加減に行かず後家を卒業しろ」あるいは「早く嫁に行かないと行かず後家になっちゃうぞ」などと言ってるのを耳にすることがあるからだ。そしてなぜか親切なつもりの年寄りたちは、女性達から「うるさい、大きなお世話よ、このセクハラジジイ」などと怒鳴り返されてしまうのだ。

「出戻り」というのもインパクトのある言葉で、これを口にする時には「行かず後家」以上の覚悟が必要であろう。結婚に破れ、実家に戻った状態。昔風に言えば「三下《みくだ》り半《はん》を突きつけられ、実家《さと》に帰された」ということで、何やら強制送還のニュアンスがあるのだ。事実、昔は不名誉なこととされ、「出戻り」は、「後家」「やもめ」「行かず後家」にくらべ、はるかに世間の風当たりが強かったのである。

しかし御安心あれ。「出戻り」の方に朗報です。長く蔑《さげす》みの目で見られてきましたが、平成に至り極めて便利な言葉ができたのです。そう、それは「バツイチ」、何と本質を曖昧にする重宝な言葉でしょうか。「私ってバツイチの人なのよねえ」ほら、何だかいいことをしたようじゃありませんか。

よくテレビで見かける「A夫人」、果たしてこの人は何者であろうか。文化人だと言う人もいるが、私はタレントだと思っている。

芸名（?）がそもそもおかしい。自分のことを「夫人」と呼ぶのも変だし、旦那さんはずいぶん前に亡くなっているのだから、「A未亡人」ならいくぶん納得するのだ。ま、この辺は難クセの部類だが、彼女が「私は第三夫人です」と言うのは明らかに間違っている。いやそれを、かの国で言うのは構わない。しかしここは日本なのだ。日本では古来より第三夫人を二番目の妾と呼ぶのだ。第一夫人が本妻で、第二夫人が最初の妾、そう、第三夫人は二番目の妾ということになるのだ。

……というようなことを某紙のコラムに書いたら、男達は「よく書いた、その通りだ」と褒めてくれたが、女性読者からはヒンシュクを買った。なぜ?

女の又に力あり

「熊」という字は小学校に上がるか上がらないかという頃に書くことが出来た。父親が唄うように教えてくれたからだ。

「ムこうの山から月が出た。ヒが出たヒが出た、四つ出た」

あら不思議、そうすると熊という字が完成するのである。

旧字の「櫻《さくら》」や「戀《こい》」という字もじきに覚えた。やはり父親が「二貝《にかい》の女が木《き》にかかる」「糸し糸しと言う心」という風に教えてくれたからである。

小学生となり、ごく初歩の漢字を学んでいた頃、父親がまた例の方法で「努力」という字を教えてくれた。

「女《おんな》の又《また》に力《ちから》あり、また力あり」

新しい漢字を覚えた私は有頂天、学校の先生の前でこれを自慢気に披露した。すると若き女先生がにわかに赤面するではありませんか。帰ってこの一件を報告すると父親は、女の人の前では言わない方がいいというようなことをボソボソと言った。

このとき私が何かを察したのは言うまでもない。それは漠としたものではあったが、そして明確に下ネタと意識したわけではなかったが、あ、何かある、キーワードは女《おんな》の又《また》だ、ぐらいは察したのである。

父親は何かを取り繕うように、「先生」という字について講釈を始めた。先生は尊敬すべき存在だが、無闇に尊敬し過ぎてもいけない。それは字から来ている。先生とは「先に生まれた」だけの存在であり、場合によっては「先ず生《ま》きてる」と読むのだからと。

後年、落語を聴くようになり、驚いた。落語では「先に生まれた」「先ず生きてる」に加え、「先に生《は》えた」というオチがつくのだ。「先に生えた」はいい。しかし私が小学生でこのネタを知らなかったのは幸いであるかもしれない。もし知っていたなら、若い女先生を選んで、ワーイ、先に生えた人などと囃したてた可能性が大いにあるからだ。

父親は無学の人である。小学校すらロクに行かせてもらえず、奉公に出されてしまったという。母親は高等小学校へ行き、小説などを読む人だったが、学問のない父親の方が教え方は上手かった。それは大工という職業と関係があるのかもしれない。職人の昼休みなどは賑やかである。冗談が飛び交う。棟上《むねあ》げともなれば酒が入るので賑やかを通り越した騒ぎになることが常で、面白い教え方は面白い環境から出てきたと思えるのだ。

そんな父親の宴会芸に浪曲『女の木登り』がある。「女の木登り下から見れば〜」で始まるとんでもない下ネタだが、私はそれを覚えようとして果たせないでいる。実の父親に息子が下ネタのケイコをつけてもらうという図式にためらいがあるのだ。

私のバナちゃん食べなさい

一《いち》で芋屋の姉ちゃんが
二《にい》で二階へ駆け上がり
三《さん》でサルマタ引き下ろし
四《しい》でしっかり抱き合って
五《ごー》でゴロゴロ寝転んで
六《むっつ》ムクムクやりだして
七《ななつ》なかなか抜けないで
八《やっつ》やっぱり抜けないで
九《ここのつ》子供にめっかって
十《とお》でとうとう大評判

不思議だ。子供の頃に覚えた唄なのにスラスラ出てくる。いや子供の頃に覚えたからこそ出てくるのだ。落語でも前座時代に仕込んだ噺がスラスラ出るのと同じように。下ネタや笑いの要素があると子供はすぐ覚える。スラスラ出てくるのはくだらないことばかりだ。

「一つ二つはよいけれど、三つ見事にハゲがある。四つ横ちょにハゲがある。五ついっぱいハゲがある。六つ向こうにハゲがある。七つなかなかハゲがある。八つやっぱりハゲがある。九つここにもハゲがある。十でとうとうジャリッパゲ」

曜日はこういうザレ唄で覚えた。

月夜《つきよ》の晩に
火事《かじ》があり
水道《すいどう》の水で消したらば
木《もく》さんの
金玉《きんたま》

土《ど》ろだらけ
日《ひ》っひっひ

下らない。実に下らない。しかし完璧に覚えた。だからバナナの叩き売りの口上などもスルリと頭に入った。

「そこの若い娘さん、ほんとにあなたは運がいい。お医者様でも草津の湯でも惚れた病いは治りゃせぬ。治らぬ時はどうするか。お百度参りをなさいませ。裸足参りをなさいませ。御先祖様に手を合わせ、

一は伊勢の大神宮
二は日光東照宮
三は讃岐の金比羅さん
四は信濃の善光寺
五つ出雲の大社様
六つ昔の吉祥寺《きっしょうじ》
七つ成田の不動さん

八つ八幡《やはた》の八幡《はちまん》さん
九つ高野《こうや》の弘法《こうぼう》さん
十でとうとう満願日
それでも病いの治らぬ時は私のバナちゃん食べなさい……」
何と私は「私のバナちゃん食べなさい」に、下ネタの匂いを嗅ぎとっていた。売っているバナナを食べて健康を取り戻すもよし、もしくはオジさんの持っているバナナで慰めてあげるよという風に。はて十歳になっていたかどうか、でも敏感なのですよ、子供は。あ、下ネタだと思った途端に覚えようとするのですから。もしかして私だけか。

のようなもの

今や全国区となった「シャレ」「マジ」は、明らかに落語家から出た言葉だが、落語家はなぜか「シャレ」の方を多用し、何かというと「シャレにならねえ」を連発するのです。ちょっと不都合があると、「シャレんなンねえ」で、いわば口癖でありますね。

それから人を見ると条件反射的に「社長」を連発します。東南アジアの客引きと同じレベルです。そう言えば「ヨイショ」という言葉を連発するのも落語家の特徴でしょうか。

落語の演目が符丁に昇格した例もあります。

「あいつは『やかん』だから」

という言い方をします。落語『やかん』は知ったかぶりの噺、したがってそういう傾向のある落語家《なかま》をそう言って揶揄《やゆ》するのです。

ほとんど同義に「弥次郎《やじろう》」があります。落語『弥次郎』は別名『うそつき弥次郎』というぐらいで、ウソつきをそう呼ぶわけです。またウソつきを「せんみつ」「まんがら」と言ったりします。「千《せん》のうちホントは三つしかない」「万《まん》聞いて全部ガラ食っちゃった」からきてる言い方です。『寝床』は先代文楽の項で紹介しましたが、一人よがりの世界に住む人を指し、仲間の芸やカラオケ、あるいはゴルフを陰でそう言ったりするわけです。

「阿武松《おうのまつ》」と言えば大飯食らいと相場が決まっています。落語『阿武松』は六代目の横綱阿武松緑之助《みどりのすけ》の物語ですが、この男が大変な大飯食らい……からきてます。

これらはたいがいは仲間に向けられ、つまり陰口なのですが、時に大事なお客や女性にも向けられますので、どうぞ御注意下さい。

「あのタレはトバはいいけどセコトウスケで、おまけに『阿武松』だ、シャレんなンない」

ここだけの話として通訳しますと、

「あの女は着ているものはまずまずだが、器量がまずい上に大メシ食らいだ」

と言ってるわけです。

「のようなもの」という言い回しが私は好きだ。これは落語『居酒屋』に出てくる小僧のセリフ「できますものは汁《つゆ》、小柱《はしら》、鱈《たら》、昆布《こぶ》、鮟鱇《あんこう》のようなもの……」からきていて、哀れ小僧は「のようなものってことは鮟鱇じゃねえのか」と客にツッコまれてしまうのだ。

「のようなもの」に興味を持つ人は多く、もう二十年ほど前になるか、森田芳光監督によって『の・ようなもの』というタイトルで映画化された。主人公は落語家で、当時の落語界、つまり落語家を取り巻く環境や風俗が見事に描かれていた。昔から落語家を主人公に据えた映画はあるのだが、私の推すナンバーワンである。

酔っ払って同じことを繰り返す人を、落語家は「あらくまさん」と称す。よくいますね、こういう人。なぜそう呼ぶかは、一度『蜘蛛駕籠《くもかご》』という落語を聴いてみてください。なるほど「あらくまさん」だと、たちどころにわかりますから。

前座ブルース

かつて前座会という親睦会があったと前に書いたが、そのオヒラキの唄は『前座ブルース』であった。

一　太鼓叩いて　お茶汲《く》んで
今じゃ私も前座の華《はな》よ
いつかなるだろ真打に
高座返しも
上野　浅草　池袋

二　恐い師匠に睨まれて
寄席の旦那にゃゴマすりながら

狭い楽屋を往ったり来たり
高座返しも
目黒　新宿　有楽町

元唄は森進一の『盛り場ブルース』、詞をつけたのは何と林家ペー兄《あに》ィである。二番までしかなくて、しかもシンプルな詞なのだが、酒の果てに仲間と肩を組んで唄うと、なぜか涙がこぼれて仕方がなかった。そう、古今亭志ん八《しぱち》はピアノもギターもいけるという器用な男で、彼の伴奏でもよく唄ったっけ。その志ん八は右朝《うちょう》となり、亡くなって早数年。そういう意味でも『前座ブルース』は、私にとって郷愁の唄なのである。ありがとうペー兄さん。

そんな時期、お相撲さんの下積みを唄ったものに肩入れした。

唄うは国錦、相撲甚句『当地興行』がA面で、その唄はB面だったと思う。『練馬鑑《ねりかん》別所ブルース』の替唄である。

一

故郷《くに》を出るときゃ横綱と
でっかい夢を抱いていた
部屋に来てみりゃ兄弟子の
大きな拳骨《げんこつ》オレを待つ

二

朝も早よから起こされて
炊事　洗濯　拭き掃除
やっとチャンコにありつけば
中身はカラッポオツユだけ

三

序ノ口　序二段　三段目
やっと十両に上がったら
可愛いあの娘《こ》は人の妻
いとしの母さん墓《いし》の下
いとしの母さん墓の下

〝可愛いあの娘は人の妻　いとしの母さん墓の下〟　その二行に触発され、にわかに焦ったりジーンときたり。しかしこの唄に接したのは約三十年前、すでにレコードは手元になく、すべてが朧《おぼろ》（もう一番あったような気がする）なのだが、その切ない『ねりかんブルース』の旋律とともに、下積みの悲哀は伝わると思う。

ふつう替唄はウケ狙いの下ネタやアップテンポが多いのだが、これらのようにしんみりするものもあるわけです。結束を強め、士気を鼓舞する替唄が各業種、各職場にあることでしょう。これはという普遍性のある替唄がございましたら、どうぞ教えてください。

こんにち様に申し訳ない

〝楽しみは春の桜に秋の月
　夫婦なかよく三度食う飯〟

大家さんが八っつぁんや熊さんに縁談を持ち込む際によく使われる歌です。そうです、落語はまっとうなことを言うのです。

そうして所帯を持って、

「おまえさん、なんだってあんな亭主と一緒になってンだよ」

「だってえ……」

「見込みでもあんのかい」

「……寒いンだもん」

という時期を経て、夫婦は、

「出てけこの女《あま》ア」

「出てくよ、誰がいてやるもんか、出てくからアタシのシャツ返せ」

「何言ってやン、おめえだってオレの猿股《さるまた》はいてるじゃねえか」

という変遷をたどるわけです。

「町内離れろ」というフレーズも好きですね。酒、バクチ、女はよそでやれという教えで、とりわけて色事の場合、先輩格《あにい》からそんなアドヴァイスが飛ぶわけです。町内離れろ、うーん、いいですねえ。

「あの婆さん、耳は遠いわ小便は近いわで……」のフレーズもよく出ますが、それを上回る強烈なものもあります。

〝耳が遠くて目は近い
頭悪くて胃が丈夫〟

どうです、向かうところ敵なし、完全無欠の年寄りではありませんか。私もこういう年寄りになりたい。

〝おまえはオデキを針でつっつくようなことを言うね〟

〝首つりの足を引っぱるような真似するねえ〟

〝ああ驚いた。マミゲとマミゲの間をゲンノウで叩かれたようだ〟

〝よく減ったねその下駄、まるで地べたに鼻緒が結《すわ》ってるようだ〟

〝酒が回ってホンノリ桜色といきてえが、色黒だから桜の木の皮色《かわいろ》だ〟

〝酒が回ってホンノリ桜色といきてえが、色黒だからまるで黒板塀に夕陽が射したようだ〟

〝どうしておまえは強きを助け、弱きを挫《くじ》くの？　だってその方が楽だもん〟

〝クソを食らって西へ飛びやがれ〟

〝ヤロー、大川にゃ蓋《ふた》がねえぞ〟

啖呵《たんか》と恫喝《どうかつ》のフレーズも入ってますが、〝……大川にゃ蓋がねえ〟には、〝東京湾に沈めるぞ〟以上の凄みがあります。

伜《せがれ》の道楽や不始末に対し、老婆が呟きます。〝こんにち様に申し訳ない〟と。こんにち様、近頃とんと聞かなくなったいい言葉です。さ皆さん、落語を聴きましょう。